Migración de Instalaciones Críticas de Centros de Datos

De la Construcción a la Operación – Una Guía Completa

Yekini K. Tidjani

ISBN

Tapa dura: 979-8-9954317-0-1

Tapa blanda: 979-8-9954317-1-8

Dedicación

Este libro está dedicado a todos los gerentes de Instalaciones Críticas de Centros de Datos, a los profesionales de TI y a los equipos de construcción que trabajan arduamente cada día para mantener nuestro mundo digital funcionando sin interrupciones. Sus habilidades, su tenacidad y su esfuerzo incansable son los que hacen posible la tecnología moderna.

Este libro celebra su dedicación y aspira a ser una guía útil para su éxito continuo en el mundo en constante cambio de la gestión de centros de datos. También está dirigido a la nueva generación de profesionales en Instalaciones Críticas, a aquellos que recién comienzan y desean mantener los altos estándares establecidos por quienes los precedieron. Espero que este libro se convierta en un compañero de confianza, en una guía y en una herramienta valiosa mientras crecen en este campo tan exigente como gratificante.

Por último, este libro es un homenaje al amor por el aprendizaje, al impulso constante por mejorar y a la capacidad de adaptación en este ámbito en permanente evolución. El afán por perfeccionar e innovar en la gestión de centros de datos refleja la fortaleza y la creatividad de todas las personas que entregan su pasión a esta labor esencial.

Prefacio

Llevar un centro de datos desde la fase de construcción hasta su plena operatividad es una tarea inmensa y de enorme relevancia. Exige una planificación minuciosa, una colaboración estrecha y un conocimiento profundo de los complejos sistemas en juego. Una transición fluida minimiza las interrupciones, optimiza la eficiencia y garantiza que los servicios de TI permanezcan disponibles sin contratiempos. Sin embargo, este proceso tan exigente suele encontrarse con obstáculos: fallos técnicos imprevistos o la dificultad de conciliar prioridades encontradas entre distintos equipos y miembros.

Este libro está concebido para ofrecer a los gerentes de Instalaciones Críticas de Centros de Datos y a otros profesionales una guía clara y práctica que les permita sortear con éxito esta etapa crítica. Basado en años de experiencia directa en la construcción y operación de centros de datos, este manual presenta pasos sencillos, listas de verificación detalladas y ejemplos reales que acompañan cada fase de la transición.

Desde el establecimiento de objetivos claros y la formación de un equipo de primer nivel hasta las pruebas exhaustivas de sistemas y la implementación de procedimientos sólidos, estas páginas comparten estrategias inteligentes para gestionar riesgos, maximizar el éxito y lograr una transición sin fisuras. Más allá de lo técnico, exploramos el papel fundamental de la comunicación, el trabajo en equipo y la colaboración con terceros. Poner en marcha un centro de datos de manera impecable requiere algo más que pericia técnica: demanda también habilidades interpersonales sólidas y una mentalidad orientada al equipo. Este libro busca dotarle de las herramientas y el conocimiento necesarios para destacar tanto en el ámbito técnico como en el humano, allanando el camino hacia una transición exitosa.

Las orientaciones aquí recogidas pretenden constituir un recurso completo tanto para profesionales experimentados que desean pulir su enfoque como para quienes se inician y buscan sentar bases firmes en este campo. Esperamos que este libro le permita liderar a su equipo con confianza, construyendo una infraestructura tecnológica fiable y eficiente que sostenga a todos quienes dependen de ella. Con estas estrategias, podrá enfrentar los desafíos de frente, resolver problemas con eficiencia y mantener su centro de datos funcionando sin contratiempos, entregando la estabilidad y el rendimiento que exige el mundo actual impulsado por la tecnología.

Contenido

Introducción

El mundo moderno funciona con datos. Las instalaciones críticas que albergan y protegen estos datos —nuestros centros de datos— son los héroes anónimos de nuestra era digital. Su operación impecable resulta esencial para empresas, gobiernos e individuos por igual. Sin embargo, el trayecto desde el plano hasta el estado plenamente operativo está lejos de ser sencillo.

La fase de transición entre la construcción y las operaciones presenta un conjunto único de desafíos que exigen una planificación minuciosa, una ejecución experta y una atención inquebrantable al detalle. Este libro es su guía exhaustiva para sortear este período crucial. Ofrece un enfoque práctico y paso a paso para la transición de centros de datos, abordando cada aspecto desde la planificación inicial hasta el mantenimiento continuo.

Comenzamos tratando los elementos esenciales de la planificación previa a la transición, poniendo énfasis en la necesidad de establecer objetivos claros, conformar un equipo competente y realizar evaluaciones de riesgo exhaustivas. Los capítulos siguientes abordan las pruebas y la puesta en marcha de sistemas —una fase crítica que con frecuencia se pasa por alto o se gestiona deficientemente—. En ellos se presenta un marco detallado para garantizar que todos los sistemas estén plenamente funcionales y cumplan con los requisitos de desempeño antes de entregarlos al equipo de operaciones. La capacitación del personal y la transferencia de conocimiento también constituyen componentes integrales de una transición exitosa.

El libro lo guía a través del desarrollo de procedimientos operativos completos, la gestión de los sistemas de energía eléctrica y enfriamiento mecánico, el tratamiento de las preocupaciones relacionadas con redes y seguridad, estrategias efectivas para la administración de alarmas y sus revisiones, así como la importancia de establecer procesos robustos de aprobación de trabajos y una gobernanza eficaz.

También destacamos cómo aprovechar herramientas como las plataformas de Gestión de Infraestructura de Centros de Datos (DCIM), los Sistemas de Gestión de Edificios (BMS) y herramientas de colaboración como SharePoint para mejorar la visibilidad y el control. En última instancia, subrayamos el valor de las revisiones posteriores a la transición como catalizador para la mejora continua.

Este libro está escrito para gerentes de Instalaciones Críticas, gerentes de TI, agentes de puesta en marcha y profesionales involucrados en la construcción y transición de centros de datos. Ya sea que usted sea un experto con amplia trayectoria o alguien que recién ingresa al campo, este libro le proporciona estrategias prácticas y prácticas probadas para liderar transiciones exitosas y garantizar la excelencia operativa.

Establecimiento de Objetivos Claros y CPIs

Definir objetivos claros, junto con Indicadores Clave de Desempeño (KPIs) e Indicadores Críticos de Desempeño (CPIs), constituye la base fundamental para una transición exitosa de un centro de datos. Sin ellos, el proceso puede perder fácilmente el rumbo, volverse ineficiente y correr el riesgo de entregar una operación inestable al pasar de la construcción a la plena operatividad. Esta sección ofrece un marco práctico para establecer objetivos y alinear los Indicadores Clave de Desempeño (KPIs) e Indicadores Críticos de Desempeño (CPIs) con las metas empresariales más amplias, construyendo en última instancia un plan de transición enfocado, medible y accionable.

- El primer paso consiste en delimitar los objetivos empresariales que subyacen al proyecto del centro de datos. ¿Se trata de ampliar capacidad, ingresar a un nuevo mercado, respaldar una nueva función del negocio o reducir costos operativos? Estos objetivos de alto nivel moldean los propósitos específicos de la fase de transición.

- Si la reducción de costos es el principal motor, los esfuerzos de transición deben priorizar la eficiencia y la optimización de recursos.

Por ejemplo, si la continuidad operativa es una preocupación crítica, el enfoque se desplaza hacia la resiliencia de los sistemas y la continuidad del servicio.

Una vez que los grandes objetivos empresariales quedan claros, establezca metas SMART —Específicas, Medibles, Alcanzables, Relevantes y con Plazo Definido— en áreas críticas como energía, enfriamiento, redes, seguridad y gestión de inquilinos. A continuación, algunos ejemplos:

Disponibilidad (Uptime): Un objetivo de Indicadores Clave de Desempeño (KPIs) e Indicadores Críticos de Desempeño (CPIs), como alcanzar el 99,999 % de disponibilidad durante los primeros 90 días posteriores a la transición. Esto exige desde el inicio un sistema robusto de monitoreo y un plan bien definido para resolver incidencias. La transición debe incluir pruebas exhaustivas de todos los sistemas, incluidos los de respaldo, para garantizar que el objetivo sea alcanzable. Si no se cumple la meta, revise el plan e identifique formas de mejorar.

Eficiencia en costos: Llevar un control estricto de los gastos —tanto de capital (CAPEX) como operativos (OPEX)— resulta esencial. El plan de transición debe contar con un presupuesto detallado y monitorear de cerca los costos. Entre los Indicadores Clave de Desempeño (KPIs) e Indicadores Críticos de Desempeño (CPIs) pueden figurar mantenerse dentro de un rango presupuestario establecido, alcanzar un retorno de la inversión (ROI) específico en un plazo determinado o reducir el consumo energético por unidad de cómputo. Esto exige una planificación cuidadosa y una gestión eficiente de recursos, a menudo apoyada en software de gestión de proyectos para el seguimiento y reporte de costos. Revisiones presupuestarias periódicas, tal vez mensuales, permiten detectar posibles desviaciones y aplicar correcciones rápidas.

Satisfacción de los inquilinos: En los centros de datos que atienden a múltiples inquilinos, preservar su satisfacción es fundamental. El plan de transición debe incorporar una comunicación regular con ellos, atender sus inquietudes y compartir avances del progreso. Los Indicadores Clave de Desempeño (KPIs) e Indicadores Críticos de Desempeño (CPIs) podrían incluir encuestas de satisfacción de inquilinos, la rapidez de respuesta a sus solicitudes y el número de incumplimientos de los Acuerdos de Nivel de Servicio (SLA). Estas métricas ayudan a identificar áreas donde la calidad del servicio requiere mejoras.

Desempeño de los sistemas: El plan de transición debe establecer medidas claras para evaluar el rendimiento de los sistemas, incluyendo velocidad de la red, tiempos de respuesta del almacenamiento y utilización de servidores. Estas métricas necesitan un seguimiento estrecho después de la transición para detectar cualquier ralentización o problema. Las pruebas regulares, tanto durante como después de la transición, contribuirán a confirmar que los sistemas cumplen los objetivos establecidos e identificar dónde se necesitan mejoras.

El cumplimiento de PCI DSS (según el propósito del centro de datos) debe documentarse y rastrearse con rigor.

Además de definir Indicadores Clave de Desempeño (KPIs) e Indicadores Críticos de Desempeño (CPIs) específicos, el plan de transición requiere un cronograma claro con hitos y plazos para cada etapa. Este cronograma debe ser realista, contemplando posibles retrasos o imprevistos. Herramientas como diagramas de Gantt o software de gestión de proyectos ayudan a visualizar el calendario, resaltar dependencias entre tareas y seguir el avance.

El plan de transición también debe incluir un sólido plan de comunicación que garantice que todos los involucrados estén alineados. Este debe detallar los métodos de comunicación, la frecuencia de las actualizaciones y los pasos de reporte. Reuniones periódicas, apoyadas en plataformas como Microsoft Teams o equivalentes, facilitan un trabajo en equipo más fluido y una comunicación efectiva entre todos los equipos participantes.

Alinear los objetivos de la transición con las metas más amplias de la organización es crucial. De esta forma, la transición del centro de datos respalda los planes generales de la empresa. Al establecer objetivos claros y monitorear con atención los Indicadores Clave de Desempeño (KPIs) e Indicadores Críticos de Desempeño (CPIs), el gerente de Instalaciones Críticas puede asegurar una transición fluida, minimizando interrupciones y maximizando la eficiencia.

Esto también crea un sistema para el seguimiento continuo del desempeño y las mejoras graduales una vez completada la transición. Revisar periódicamente el plan y aprender de lo que funcionó o no funcionó permitirá adaptarse a nuevas necesidades y garantizar el éxito a largo plazo del centro de datos. El registro del proceso, incluyendo desafíos y soluciones aplicadas, se convertirá en un recurso valioso para proyectos futuros.

En última instancia, el logro de una transición exitosa depende de un plan detallado, bien coordinado y flexible, ejecutado por el gerente de Instalaciones Críticas y su equipo. Demuestra capacidad, genera confianza entre los interesados y posiciona al equipo para liderar con seguridad iniciativas complejas en el futuro.

Formación del Equipo de Transición y Definición de Roles

Armar un equipo de transición competente y cohesionado constituye la piedra angular de una entrega exitosa de un centro de datos. Este equipo requiere un conjunto diverso de competencias que abarque construcción, operaciones, TI y puesta en marcha. Cada integrante aporta algo valioso y único, y seleccionar a las personas adecuadas con roles bien definidos contribuye a evitar conflictos y a mantener el proceso fluido. El tamaño y la estructura del equipo deben ajustarse al alcance del proyecto: un equipo reducido y ágil puede ser idóneo para un proyecto de menor envergadura, mientras que uno más amplio y estructurado resulta necesario para centros de datos grandes y complejos.

El proceso comienza seleccionando a las figuras clave de cada área. Por parte del equipo de construcción, se designa a alguien con un conocimiento exhaustivo del diseño final de la instalación, las configuraciones de los sistemas y cualquier tarea pendiente. Esta persona resulta indispensable para responder consultas y garantizar que la transición transcurra sin tropiezos. Su responsabilidad principal consiste en asegurar que el edificio y los sistemas cumplan con los requisitos operativos y con todas las normativas y códigos aplicables. Además, actúa como el principal punto de contacto para cualquier trabajo de construcción en curso o inquietudes operativas.

Del equipo de operaciones se incorporan profesionales con una comprensión profunda de los sistemas críticos del centro de datos, como energía, enfriamiento y seguridad. Su expertise resulta crucial para establecer procedimientos operativos efectivos y resolver incidencias a medida que surgen durante la transición. Entre sus responsabilidades destacan el desarrollo de procedimientos de trabajo, las pruebas exhaustivas de los sistemas y la capacitación del equipo operativo. Ellos velan porque todo funcione de manera óptima y cumpla con los objetivos de desempeño establecidos.

El equipo de TI desempeña un papel decisivo al verificar la preparación de la red, probar los sistemas de almacenamiento y asegurar que los nuevos sistemas se integren sin problemas con la infraestructura existente. El experto en TI debe dominar las configuraciones de servidores, la gestión de redes y el despliegue de aplicaciones. Su rol se extiende a confirmar que la infraestructura de TI pueda soportar las demandas operativas y a supervisar la migración de aplicaciones y datos. Asimismo, es responsable de implementar herramientas de monitoreo para seguir el rendimiento y detectar posibles problemas de TI en etapas tempranas.

El equipo de puesta en marcha, integrado por ingenieros expertos y consultores, lleva a cabo pruebas rigurosas conforme a las especificaciones de diseño. Realizan ensayos exhaustivos y documentan el desempeño de los sistemas. Sus informes confirman que el centro de datos cumple con todos los estándares requeridos y respaldan los períodos de garantía. A medida que se acerca la fase final de la transición, verifican el rendimiento de los sistemas y garantizan una entrega fluida a operaciones. Su misión es llevar los sistemas a estándares publicables antes del lanzamiento.

Un equipo sólido y bien unido mantiene la transición en el rumbo correcto y posiciona al centro de datos para un éxito sostenido a largo plazo, al anticipar desafíos y colaborar de forma impecable.

Para asegurar una coordinación fluida, es imprescindible definir con claridad los roles y responsabilidades del equipo de transición. Un cuadro detallado que especifique quién es responsable de qué contribuye a mantener todo organizado y evita confusiones o vacíos. Este cuadro debe revisarse y actualizarse con regularidad para adaptarse a las necesidades cambiantes y a los ajustes en la composición del equipo. Realizar reuniones periódicas del equipo y utilizar herramientas como Microsoft Teams o SharePoint resulta fundamental para mantener una comunicación abierta, resolver incidencias y mantener el proyecto en marcha. Estas reuniones ofrecen a todos la oportunidad de abordar problemas de inmediato y evitar que pequeñas discrepancias se conviertan en obstáculos mayores.

La comunicación efectiva es el núcleo de una transición exitosa. Esto implica establecer canales claros para compartir información, utilizar herramientas de gestión de proyectos y comunicación, y mantener un registro completo de todas las interacciones. Una plataforma central como SharePoint resulta ideal para compartir fácilmente documentos, actualizaciones y reportes de avance. Las reuniones periódicas y una comunicación transparente ayudan a mitigar riesgos, resolver conflictos y mantener a todos alineados a lo largo de la transición. Cuando los roles y la comunicación son ambiguos, las consecuencias pueden ser graves.

Imagínese al equipo de construcción finalizar su trabajo sin informar al equipo de operaciones sobre detalles pequeños pero cruciales. Esto podría derivar en tiempos de inactividad, operaciones ineficientes o incluso riesgos para la seguridad. Por ejemplo, si no se localizan válvulas de corte críticas por falta de documentación, las respuestas a emergencias se retrasarían y podrían dañarse equipos. De igual modo, si el equipo de TI no prueba adecuadamente las conexiones de red antes del cambio final, podrían producirse interrupciones prolongadas y descontento entre los inquilinos. El resultado: demoras en poner el centro de datos en marcha, inquilinos frustrados y, posiblemente, multas considerables por incumplimiento de acuerdos de servicio.

Por eso resulta tan importante contar con mecanismos para resolver conflictos. Todos deben sentirse cómodos expresando inquietudes o desacuerdos. Debe existir un proceso claro para manejar conflictos, quizá con un gerente senior actuando como mediador imparcial, que evite que las tensiones escalen. Las actividades de integración de equipo pueden contribuir a crear un ambiente positivo, fomentando la confianza y el respeto mutuo entre los miembros, lo que a su vez fortalece la comunicación y la colaboración.

Un equipo de transición sólido requiere un líder capaz, alguien con experiencia en la gestión de transiciones de centros de datos y una trayectoria demostrada en el trabajo con equipos diversos. Este líder supervisa todos los aspectos del proyecto, gestiona riesgos, resuelve conflictos y facilita una comunicación efectiva con los interesados. Su rol incluye proporcionar actualizaciones regulares a la alta dirección, eliminar obstáculos que frenen el avance y mantener la motivación y el enfoque del equipo en el objetivo común. El líder de la transición debe poseer excelentes habilidades organizativas, de comunicación y resolución de problemas para guiar al equipo hacia el éxito.

Un buen líder mantiene al equipo concentrado, asegura que todos trabajen en armonía y genera confianza en que la transición culminará con éxito, sentando las bases para el desempeño sostenido del centro de datos a largo plazo. El éxito del equipo de transición depende de múltiples factores: roles claros, procesos y procedimientos sólidos, planificación anticipada, pruebas exhaustivas, personas capacitadas y comprometidas, y una resolución de problemas decidida. También es fundamental identificar riesgos tempranamente y desarrollar soluciones efectivas para abordarlos. Debe realizarse una evaluación detallada de riesgos desde el inicio, y el plan requiere actualizaciones periódicas conforme avanza la transición. Esta revisión debe examinar una amplia gama de cuestiones, incluyendo fallos de equipos, interrupciones de energía, problemas de seguridad y errores humanos por parte de los miembros del equipo.

Contar con planes de respaldo claros para cada riesgo resulta vital para garantizar que el equipo pueda actuar con rapidez y mantener el rumbo si surge algo imprevisto.

Además de sus roles específicos, cada miembro del equipo debe recibir una capacitación exhaustiva en las operaciones del centro de datos, los protocolos de seguridad y los procedimientos de emergencia. Esta formación asegura que todos estén preparados para enfrentar posibles desafíos durante la transición. Debe incluir instrucción práctica sobre el uso de sistemas de monitoreo, como DCIM y BMS, resolución de problemas y respuesta ante incidentes. La capacitación debe adaptarse al rol de cada persona, garantizando que todos cuenten con las habilidades y el conocimiento necesarios para desempeñar su labor de manera efectiva. Cursos de actualización periódicos mantendrán al equipo al día con las nuevas tecnologías y las mejores prácticas de la industria. Llevar un registro completo de las capacitaciones asegura el cumplimiento de los estándares del sector y mantiene al equipo bien preparado para los retos venideros.

Por último, mantener un buen registro a lo largo de toda la transición es fundamental. Esto incluye notas detalladas de las reuniones, actualizaciones de avance, evaluaciones de riesgos y otra información clave. Estos registros constituyen la memoria histórica de la transición, ofreciendo lecciones valiosas para proyectos futuros. Asimismo, respaldan las decisiones tomadas, preservando la transparencia y la rendición de cuentas. Una lista de verificación detallada de tareas asegura que no se pase por alto nada importante. Estos registros deben ser fácilmente accesibles para el equipo y los interesados a través de una plataforma central del proyecto. Este sistema de documentación clara será de gran utilidad en auditorías futuras, facilitando demostrar que todo se realizó correctamente y respaldando cualquier reclamación de garantía.

Los equipos de transición, al trabajar en conjunto con una comunicación clara y una planificación sólida, ayudan al gerente de Instalaciones Críticas y a su equipo a fortalecer su capacidad para anticipar problemas, mejorar la coordinación interna y gestionar desafíos complejos. En última instancia, estas prácticas garantizan que la transición del centro de datos se complete de forma fluida y eficiente, y que los beneficios de esa solidez perduren mucho después de finalizada la transición.

Evaluación de Riesgos y Estrategias de Mitigación

La fase previa a la transición representa un período crítico que exige una planificación minuciosa y una gestión proactiva de riesgos para garantizar una entrega fluida a operaciones. Una evaluación exhaustiva de riesgos no es mera formalidad: es un paso esencial para salvaguardar toda la transición del centro de datos. Omitirla puede traducirse en costosos retrasos, interrupciones operativas o incluso fallos graves. A continuación, presentamos un método claro para identificar, analizar y abordar estos riesgos.

Comience por crear un **registro de riesgos**. Este no debe ser una simple lista estática, sino un documento vivo que se actualice regularmente conforme avanza la transición. Para cada riesgo, incluya una descripción clara, evalúe su probabilidad de ocurrencia, el impacto potencial si se materializa y estime su verosimilitud. Una matriz de riesgos sencilla resulta muy efectiva: al graficar la probabilidad frente al impacto, se identifica rápidamente cuáles requieren atención inmediata.

Los riesgos de **alta probabilidad y alto impacto** deben abordarse en primer lugar. Veamos algunos de los más comunes durante las transiciones de centros de datos:

Fallas de equipos: Pueden ir desde pequeños fallos en sistemas UPS hasta averías totales en el sistema de enfriamiento. Las consecuencias varían desde una breve interrupción hasta un apagón completo. Para prevenirlo, realice pruebas exhaustivas de todo el equipamiento antes del lanzamiento, incorpore redundancias como N+1 en energía y enfriamiento, y mantenga piezas de repuesto disponibles. Las relaciones sólidas con proveedores son clave, al igual que establecer SLAs claros que garanticen reparaciones rápidas. En el registro de riesgos debe figurar cada componente crítico, junto con contactos de proveedores, tiempos de respuesta prometidos y la ubicación de los respaldos.

Retrasos en la construcción: Los imprevistos pueden desviar el cronograma. Problemas como escasez de materiales, dificultades en el sitio o demoras de subcontratistas son frecuentes. Para anticiparse, establezca cronogramas realistas con márgenes suficientes, supervise el avance de cerca y mantenga una comunicación constante con el equipo constructor. Un proceso sólido de gestión de cambios ayuda a manejar sorpresas sin mayores contratiempos. Además, prepare planes alternativos, como extender plazos o disponer de espacio temporal. En el registro de riesgos, documente las posibles causas de retraso, su impacto y las estrategias de contención.

Problemas de coordinación con proveedores: Las transiciones suelen depender de múltiples proveedores que entregan e instalan equipamiento. Una mala coordinación puede generar incumplimientos de plazos y costos adicionales. Para evitarlo, defina canales de comunicación claros, elabore un cronograma detallado de instalaciones e implemente un procedimiento para gestionar modificaciones. Las revisiones periódicas con proveedores permiten detectar problemas a tiempo. En el registro de riesgos, anote contactos clave, riesgos potenciales y planes de contingencia (por ejemplo, proveedores alternos o soluciones de respaldo si un proveedor no cumple).

Problemas de integración de sistemas TI: Integrar nuevos sistemas con la infraestructura existente puede complicarse rápidamente. Un error aquí conlleva tiempos de inactividad prolongados y posible pérdida de datos. Para prevenirlo, pruebe cada sistema de forma individual y conjunta, simulando operaciones reales antes del cambio. Prepare planes de respaldo y considere incorporar personal de TI experimentado para supervisar el proceso. El registro de riesgos debe incluir puntos de verificación y pruebas, junto con planes de contingencia ante incidencias.

Brechas de seguridad: Durante las transiciones, los riesgos de seguridad aumentan por la presencia de equipos de construcción adicionales y accesos temporales. Proteja las instalaciones con reglas estrictas de acceso, limite la entrada a personal autorizado y capacite a todo el equipo en protocolos básicos de seguridad. Mantenga vigilancia continua las 24 horas, con alarmas de intrusión activas. El registro de riesgos debe documentar todas las medidas de seguridad, puntos vulnerables identificados y las personas responsables de responder ante cualquier incidente, incluyendo contactos clave en caso de eventos graves.

Interrupciones de energía: Los cortes de suministro, planificados o no, pueden paralizar un centro de datos. Protéjase con fuentes de respaldo como baterías UPS y generadores, herramientas de monitoreo robustas y procedimientos de emergencia claros. Pruebe estos respaldos con regularidad. El registro de riesgos debe detallar la capacidad de los respaldos, su duración, suministros de combustible y a quién notificar (inquilinos y compañías eléctricas) en caso de fallo.

Fallas en el sistema de enfriamiento: Una avería aquí puede provocar sobrecalentamiento de equipos y pérdida de datos. Prevenga mediante unidades de enfriamiento de respaldo, revisiones rutinarias y monitoreo constante. Realice pruebas a plena capacidad antes de la transición y documente los resultados.

Errores humanos: Las personas cometen fallos; por eso existen políticas en los centros de datos. Combátalos con capacitación adecuada, simulacros, instrucciones precisas y revisiones frecuentes. El registro de riesgos debe identificar errores comunes, indicar cómo prevenirlos e incluir listas de verificación sencillas y normas de seguridad.

Una buena planificación va más allá de enumerar riesgos: requiere planes de acción concretos. Para cada amenaza, detalle exactamente qué hacer si se presenta. Revise estos planes con frecuencia, ya que las circunstancias pueden cambiar. Mantener el registro de riesgos actualizado y discutirlo en las reuniones de equipo reduce las sorpresas desagradables. Este enfoque organizado hace que la migración del centro de datos sea más segura y fluida.

El registro de riesgos no es un documento más: constituye prueba de diligencia debida y ofrece lecciones valiosas para proyectos futuros. Al revisarlo y actualizarlo regularmente, el equipo permanece alerta ante posibles amenazas y adopta una postura proactiva para resolverlas.

Desarrollo de un Plan de Transición Integral

Partiendo de la sólida evaluación de riesgos ya realizada, el siguiente paso fundamental consiste en elaborar un plan de transición completo. Este no es un simple listado de tareas: se trata de una guía flexible y dinámica que nos llevará desde la finalización de la construcción hasta la plena operatividad. Al definirlo con precisión y seguirlo con rigor, aseguraremos una entrega fluida, minimizaremos inconvenientes y maximizaremos los beneficios operativos. Debemos tratar este plan como un documento vivo: revisarlo y actualizarlo constantemente a medida que avanzamos y adquirimos nuevos conocimientos.

¿Qué hace que este plan de transición funcione? La claridad absoluta en las asignaciones de responsabilidades. Cada equipo —construcción, operaciones, TI y puesta en marcha— debe conocer con exactitud sus obligaciones y plazos. Roles bien definidos evitan confusiones, incumplimientos de fechas y conflictos interpersonales. Una **Matriz de Asignación de Responsabilidades (RACI)** resulta indispensable en este contexto. Se trata de un cuadro que asigna cada tarea a una persona o equipo específico, garantizando accountability y transparencia.

Cada fase debe contar con **hitos claros** que señalen avances importantes hacia la operación plena. Estos puntos de control permiten evaluar el progreso y detectar problemas a tiempo. El uso de un diagrama de Gantt, como el que ofrece Microsoft Project, proporciona una visión nítida del cronograma, las interdependencias entre tareas y las prioridades críticas. Visualizar todo de esta forma ayuda a identificar posibles conflictos y ajustar el calendario según sea necesario.

Un plan de transición detallado debe abordar aspectos clave como los siguientes:

Pruebas de sistemas: Las pruebas no son un evento aislado, sino un proceso gradual y estructurado. Comience con pruebas de componentes individuales, continúe con Pruebas de Sistemas Integrados (IST) y finalice con pruebas a plena carga en condiciones similares a las operaciones reales. Cada etapa de pruebas debe seguir un guion IST aprobado, con procedimientos claros, resultados esperados y criterios de aceptación definidos. Si surgen incidencias, deben registrarse con precisión: qué falló, cómo se resolvió y las lecciones aprendidas. Tras las pruebas, los informes detallados deben compartirse con todos los interesados en una plataforma central de fácil acceso.

Capacitación del personal: Antes de la entrega oficial, el equipo de operaciones debe recibir una formación exhaustiva. Esta debe abarcar procedimientos operativos, resolución de problemas habituales y el manejo de sistemas como monitoreo de energía eléctrica y automatización de edificios. Las sesiones deben adaptarse al rol de cada integrante para garantizar que adquiera las competencias específicas requeridas. Evaluaciones posteriores a la capacitación identificarán posibles lagunas de conocimiento, permitiendo corregirlas antes de la transición completa.

Documentación: Mantener registros bien organizados es esencial para una transición sin sobresaltos. Esto incluye planos as-built, especificaciones de equipos, hojas de Métodos de Procedimiento (MOP) y guías de mantenimiento. Todos los documentos deben almacenarse en una plataforma compartida y segura, accesible para los interesados relevantes. La entrega debe realizarse con énfasis en el control de versiones y la protección de la información. Estos documentos deben quedar archivados de forma segura para facilitar su consulta futura.

Gestión de proveedores: El plan debe definir con claridad los roles de los proveedores, incluyendo contratos de mantenimiento continuo, Acuerdos de Nivel de Servicio (SLA) y soporte de emergencia. Establecer canales de comunicación efectivos y rutas claras de escalamiento resulta crucial para resolver incidencias con rapidez. La comunicación regular con proveedores —antes y después de la entrega— fortalecerá las relaciones de trabajo. Todos los acuerdos, detalles contractuales y procesos clave de proveedores deben documentarse para referencia inmediata y uso futuro.

Respuesta ante emergencias: El plan debe incorporar protocolos detallados para manejar interrupciones de energía, fallas en el sistema de enfriamiento o incidentes de seguridad. Estos protocolos deben asignar roles específicos, detallar los pasos de comunicación y explicar los procesos de escalamiento para garantizar la seguridad y la restauración rápida del servicio. Realizar simulacros periódicos permitirá al personal practicar estos procedimientos y perfeccionarlos en busca de mayor eficiencia. El feedback obtenido en estos ejercicios debe documentarse para mejorar continuamente los procesos.

Coordinación con inquilinos: Si el centro de datos alberga a múltiples inquilinos, el plan debe detallar estrategias de comunicación y coordinación que garanticen una transición fluida sin interrupciones en el servicio. Es imprescindible establecer un plan de comunicación claro que explique el proceso de transición, los cronogramas y los posibles impactos en los inquilinos. Esta aproximación proactiva ayudará a mitigar conflictos o malentendidos potenciales.

Veamos un plan de transición para un centro de datos de tamaño mediano, estructurado en cuatro fases clave:

Fase 1: Pre-Puesta en Marcha (4 semanas)

Esta fase se centra en la prueba de componentes individuales para verificar que funcionen según lo esperado y cumplan con los requisitos especificados. Las tareas principales incluyen probar cada equipo, validar los tiempos de autonomía de los UPS y generadores, y evaluar exhaustivamente los sistemas de enfriamiento. Se asignan responsabilidades claras al equipo de puesta en marcha, a los socios proveedores y a los subcontratistas, quienes colaboran estrechamente con los equipos de construcción y operaciones para asegurar alineación e integración sin fisuras.

Fase 2: Pruebas de Sistemas Integrados (2 semanas)

En esta etapa se evalúa la integración y el funcionamiento de todos los sistemas bajo condiciones operativas reales. Los hitos incluyen completar las pruebas integradas, confirmar la funcionalidad de las medidas de redundancia y demostrar la efectividad de los planes de recuperación ante desastres. Durante esta fase, el equipo de puesta en marcha, el contratista general, los subcontratistas y los equipos de control trabajan en estrecha colaboración. Registran cualquier incidencia que surja e implementan las correcciones necesarias para garantizar un desempeño óptimo.

Fase 3: Capacitación del Personal y Revisión de Documentación (2 semanas)

Durante esta fase, el equipo de operaciones recibe formación exhaustiva y se revisan y finalizan todos los documentos de soporte. Las tareas clave abarcan completar el programa de capacitación del personal y obtener la aprobación definitiva de los planos as-built y los procedimientos operativos.

Fase 4: Entrega y Puesta en Marcha (1 semana)

Este es el paso final, en el que el centro de datos entra en plena operación. Las actividades incluyen la transferencia de responsabilidades al equipo de operaciones, la firma de conformidad de la puesta en marcha y el inicio oficial de las operaciones. Todos los equipos colaboran para ejecutar esta fase sin interrupciones significativas.

Para respaldar todas las fases, las herramientas de gestión de proyectos como SharePoint resultan esenciales. SharePoint facilita el seguimiento del avance, la organización de tareas y la centralización de la comunicación y la documentación. Las actualizaciones en tiempo real permiten identificar y abordar problemas potenciales de forma temprana. Al almacenar los documentos en un repositorio central, la plataforma asegura que cada miembro del equipo acceda rápidamente a la información relevante. Además, proporciona un mecanismo para registrar cualquier modificación al plan, manteniendo la transición precisa y actualizada. Los informes periódicos generados a través de SharePoint mantienen informados a los interesados y respaldan una toma de decisiones efectiva a lo largo del proceso.

Elaborar un plan de transición integral, con estos elementos en su lugar y aprovechando herramientas como SharePoint, es decisivo para el éxito. Las actualizaciones regulares, el trabajo en equipo y la atención al detalle garantizan una transición sin contratiempos. El resultado es un centro de datos plenamente operativo que cumple con todas las expectativas y funciona con máxima eficiencia. Una planificación cuidadosa en esta etapa sienta las bases para una entrega fluida y un éxito sostenido a largo plazo.

Presupuesto y Asignación de Recursos

El presupuesto y la asignación de recursos constituyen elementos esenciales para una transición exitosa de un centro de datos. Sin una planificación adecuada de los recursos financieros y humanos, los proyectos pueden sufrir retrasos, problemas de calidad o incluso fracasar por completo. Un presupuesto detallado, elaborado en paralelo con el plan de transición, ayuda a mitigar estos riesgos y asegura que el proyecto avance sin contratiempos.

El presupuesto debe abarcar todos los costos previsibles, tales como repuestos, adquisiciones de materiales, licencias de software y una reserva para gastos imprevistos. Comience categorizando los costos en áreas como mantenimiento correctivo y preventivo. Revise minuciosamente los planes y enumere cada tarea junto con sus necesidades de recursos, incluyendo salarios de todos los miembros del equipo —personal de seguridad contratado, personal temporal y apoyo interno—, así como consumo eléctrico. Los costos de construcción también deben contemplar horas extras, traslados y capacitaciones. En materiales, incluya herramientas, suministros y consumibles necesarios para pruebas, mantenimiento y operaciones: equipos eléctricos, componentes mecánicos y materiales de gestión de cableado, por ejemplo. Las licencias de software —herramientas de gestión de proyectos, sistemas DCIM y software de gestión de edificios— también deben contemplarse. Más allá de estos gastos principales, reserve un fondo de contingencia —generalmente un porcentaje del total del presupuesto— para cubrir costos inesperados o demoras. Revisar presupuestos de transiciones anteriores de centros de datos puede ayudar a determinar una reserva razonable.

Veamos un ejemplo práctico para la transición de un centro de datos de tamaño mediano:

Personal: Asigne $500 000 para gerentes de proyecto, ingenieros, técnicos y supervisores. Desglose los costos por rol, por ejemplo, un ingeniero senior a $80 000 mensuales durante 12 meses. Este desglose detallado facilita el seguimiento de gastos, incluyendo horas extras ante circunstancias imprevistas.

Materiales: Presupuste $200 000 para elementos de mantenimiento como equipos eléctricos y mecánicos, suministros de cableado y consumibles. Incluya también reparaciones menores de hardware detectadas durante las pruebas. Elabore una lista detallada con números de parte y cantidades, y obtenga cotizaciones de varios proveedores para garantizar la mejor relación costo-beneficio. Incorpore flexibilidad para adaptarse a cambios en las necesidades de materiales durante la transición.

Software: Asigne $20 000 para licencias de herramientas de gestión de sistemas de acceso, EPMS y software BAS, especialmente en escenarios con redundancia limitada. Este monto debe cubrir también la capacitación necesaria del personal para utilizar estas herramientas de forma efectiva. No olvide considerar los costos de mantenimiento y soporte asociados al software.

Contingencia: Reserve \$15 000 (10 %) para costos imprevistos, como fallos de equipos o retrasos en el proyecto. Este fondo debe ser de fácil acceso y monitorearse con rigor, mediante revisiones periódicas que confirmen su suficiencia ante posibles incidencias.

Servicios de terceros: Presupuste \$15 000 para consultores externos o contratistas requeridos en tareas como obtención de permisos o inspecciones. Defina claramente los servicios y costos, y revise los contratos con detenimiento para identificar cualquier riesgo de gastos adicionales inesperados.

Presupuesto total estimado: \$750 000

Esta visión simplificada ofrece un desglose básico del presupuesto. Un presupuesto detallado debe incluir partidas individuales con justificaciones y documentación de respaldo. Un presupuesto transparente, con seguimiento minucioso, genera responsabilidad y permite un control financiero preciso a lo largo del proyecto. Asegúrese de incluir el fondo de contingencia e implementar métodos robustos de seguimiento: estos elementos mantienen el proyecto en curso y garantizan la entrega exitosa del centro de datos. Incorporar flexibilidad y profundidad al presupuesto permite al equipo enfrentar desafíos inesperados manteniendo los costos bajo control, lo que asegura una transición fluida y efectiva.

La asignación de recursos, estrechamente ligada al presupuesto, garantiza que haya suficiente personal y materiales disponibles en cada etapa del proyecto. Esto requiere un enfoque por fases, alineando los recursos con el cronograma del proyecto. En las etapas iniciales, centradas en pruebas y puesta en marcha, la mayor parte de los recursos se asigna típicamente a los equipos de ingeniería y de commissioning. Más adelante, cuando el proyecto se orienta hacia las operaciones y la capacitación del personal, esos recursos deben reasignarse de manera correspondiente. Un plan claro de asignación de recursos, respaldado por herramientas como SharePoint, agiliza este proceso y previene retrasos o cuellos de botella.

El monitoreo riguroso de los gastos resulta crítico en todas las etapas del proyecto. Comparar de forma regular el gasto real con el presupuesto aprobado permite detectar posibles desviaciones tempranamente, lo que habilita al equipo para intervenir de inmediato antes de que el problema se agrave. Para ello se necesita un sistema que registre todos los gastos, los clasifique por partidas presupuestarias y los contraste con las previsiones. Cualquier diferencia significativa entre lo planificado y lo ejecutado debe investigarse sin demora.

Esto puede implicar reevaluar los plazos de las tareas, renegociar contratos con proveedores o explorar alternativas para reducir costos.

Los informes financieros periódicos, generados mediante un sistema de gestión de proyectos, deben compartirse con los interesados para mantener la transparencia y respaldar decisiones bien fundamentadas.

La gestión de riesgos financieros constituye un aspecto clave del proceso presupuestario. Para mitigarlos, los equipos deben trabajar con múltiples proveedores y evitar una dependencia excesiva de uno solo, implementar prácticas sólidas de gestión contractual y mantener el fondo de contingencia ya mencionado. Los riesgos financieros deben revisarse con regularidad para identificar posibles problemas y definir estrategias de resolución. Estas revisiones no deben ser un ejercicio aislado, sino evaluaciones continuas integradas en las reuniones periódicas de revisión del proyecto.

Un presupuesto realista, un plan claro de asignación de recursos y una gestión efectiva de los riesgos financieros son indispensables para una transición exitosa de un centro de datos. La planificación detallada, el seguimiento preciso y la gestión proactiva de costos aseguran que el proyecto se mantenga en tiempo, dentro del presupuesto y cumpla con las expectativas operativas. Un enfoque bien concebido en materia de presupuesto y asignación de recursos no solo fortalece la estabilidad financiera, sino que también mejora la eficiencia, minimiza interrupciones y garantiza el éxito global de la transición.

Procedimientos de Pruebas Integradas de Sistemas Completas

La transición fluida de un centro de datos desde la construcción hasta la operación depende en gran medida de unas pruebas exhaustivas de los sistemas. Este paso no es una tarea rutinaria: es un proceso crítico que confirma que todos los sistemas funcionan según lo previsto, cumplen con sus especificaciones y operan en conjunto sin problemas. Una estrategia de pruebas bien planificada y ejecutada con cuidado reduce las interrupciones operativas y mejora la eficiencia a largo plazo de la instalación. Incluye una planificación detallada, la ejecución adecuada, la documentación precisa y la resolución de cualquier problema detectado durante las pruebas.

El primer paso consiste en elaborar un guion completo de pruebas integradas de sistemas (IST). Este guion actúa como una guía integral para todo el proceso de pruebas, detallando las pruebas a realizar, los métodos a emplear, los criterios de éxito y las personas responsables de cada tarea. El guion debe abarcar todos los sistemas esenciales del centro de datos, incluyendo la distribución de energía (UPS, generadores y PDU), la infraestructura de enfriamiento (CRAC, CRAH, FWU y chillers), el equipamiento de red (switches, routers y firewalls), las medidas de seguridad (controles de acceso y vigilancia) y los sistemas de gestión de edificios (como controles de temperatura, humedad y flujo de aire). Cada sistema requiere una estrategia de pruebas adaptada a su función específica y a sus posibles puntos de fallo.

Por ejemplo, las pruebas del sistema de distribución de energía pueden incluir pruebas con bancos de carga para verificar la capacidad y el tiempo de autonomía de los UPS, así como pruebas de rendimiento de los generadores bajo diversas condiciones de carga, desde el 25 % hasta la capacidad total. El cableado y las conexiones deben inspeccionarse con herramientas como escáneres infrarrojos. El proceso debe incluir mediciones de voltaje, corriente y factor de potencia en distintos puntos del sistema. Estas mediciones aseguran el cumplimiento de las normas de la industria y revelan cualquier debilidad o inconsistencia. Las pruebas con bancos de carga deben ser incrementales, aumentando gradualmente la carga para comprobar si los UPS y generadores pueden soportar las demandas pico. Registrar detalladamente los resultados de las pruebas —niveles de carga, lecturas de voltaje y cualquier anomalía— resulta crucial para la resolución de problemas y como referencia futura. Este proceso riguroso ayuda a identificar y corregir posibles incidencias relacionadas con la estabilidad de la energía o interrupciones.

De manera similar, las pruebas del sistema de enfriamiento requieren un enfoque integral. Esto incluye evaluar la capacidad de los FWU, CRAC y CRAH bajo diversas condiciones de carga, verificar la eficiencia del sistema de distribución de enfriamiento y confirmar el correcto funcionamiento de los chillers. El proceso debe abarcar mediciones de temperatura en múltiples puntos del centro de datos, incluyendo los pasillos caliente y frío, para garantizar que se mantengan dentro del rango aceptable. Las pruebas de detección de fugas son igualmente esenciales para identificar posibles escapes en los sistemas de agua enfriada, que podrían derivar en reparaciones costosas o interrupciones. El protocolo de pruebas debe documentar con precisión las lecturas de temperatura, humedad y flujo de aire en toda la instalación para mantener un control climático consistente, previniendo el sobrecalentamiento y fallos de los equipos.

Las pruebas de la red exigen un proceso de verificación estructurado. Comienzan asegurando la conectividad básica de la red, confirmando que los switches, routers y firewalls estén correctamente configurados y funcionen según lo esperado. Una vez establecida la conectividad básica, se avanza a pruebas avanzadas, incluyendo la validación de la capacidad de ancho de banda y la medición de la latencia para evaluar el rendimiento de la red. Las pruebas de seguridad de red son igualmente importantes y deben centrarse en identificar vulnerabilidades que podrían derivar en ataques o brechas. Se deben emplear herramientas y técnicas para detectar puntos débiles e implementar medidas correctivas. Este enfoque exhaustivo garantiza que la red permanezca confiable, segura y capaz de soportar demandas de alto rendimiento.

Las pruebas de los sistemas de seguridad también son una prioridad máxima. Esto implica evaluar minuciosamente todas las medidas de seguridad, incluyendo sistemas de control de acceso, equipamiento de vigilancia y mecanismos de detección de intrusiones.

Las pruebas de control de acceso verifican el correcto funcionamiento de lectores de tarjetas, cerraduras de puertas y sistemas similares. Las pruebas de vigilancia confirman que las cámaras, dispositivos de grabación y sistemas de monitoreo proporcionen cobertura completa de todas las áreas críticas. Los sistemas de detección de intrusiones deben probarse exhaustivamente para asegurar que puedan detectar y responder eficazmente a intentos de acceso no autorizado. Este proceso de pruebas cuidadoso y detallado protege el centro de datos y sus activos críticos.

El proceso de pruebas debe seguir métodos y herramientas ampliamente reconocidos en la industria. Esto asegura consistencia y precisión, facilitando la comparación de resultados con estándares comunes. El uso de las herramientas y software de pruebas adecuados suele ser necesario para obtener lecturas precisas y datos confiables. También es fundamental revisar, mantener y calibrar periódicamente el equipamiento utilizado, de modo que los resultados permanezcan fiables y significativos.

Durante la etapa de pruebas, el registro claro y meticuloso resulta esencial. Cada resultado de prueba —ya sea normal o indicativo de problemas— debe documentarse completamente y conservarse en un único lugar central. Esto permite seguir el rastro de todo y demuestra responsabilidad al resolver cualquier incidencia que surja. Estos registros deben seguir un formato sencillo y uniforme, que incluya los detalles de la prueba, el método empleado, los resultados obtenidos y las acciones tomadas para corregir cualquier problema detectado. Almacenar estos documentos de forma digital en plataformas como SharePoint facilita el acceso y la colaboración de todos los involucrados.

La resolución inmediata de problemas al detectarlos es de vital importancia. Debe existir un sistema claro para reportar, evaluar y corregir cualquier anomalía encontrada durante las pruebas. Todos los equipos participantes

—construcción, operaciones y puesta en marcha— necesitan comunicarse de manera clara y abierta entre sí.

Las incidencias más graves deben abordarse siempre en primer lugar. Se recomienda utilizar una herramienta adecuada de seguimiento, como software especializado para el registro de problemas, que permita monitorear el avance y garantizar que ninguna incidencia quede sin resolver. Esto asegura que los problemas se corrijan en el momento oportuno.

Una vez finalizadas las pruebas, debe elaborarse un documento formal de conformidad o aceptación. Este indica que todos los sistemas principales han sido probados exhaustivamente, han superado las verificaciones requeridas y están listos para su uso en condiciones reales. El documento requiere las firmas del equipo de construcción, el equipo de diseño, operaciones, personal de puesta en marcha y cualquier proveedor involucrado. Esta firma marca el cierre de una etapa clave e inicia la entrega a la operación plena.

Con este proceso claro y cuidadoso, el centro de datos queda preparado para un funcionamiento estable y fluido, reduciendo al mínimo los problemas futuros y maximizando la disponibilidad del servicio.

Detección y resolución de anomalías en el sistema

Encontrar y corregir fallos en el sistema durante las pruebas es una parte esencial para poner en marcha un centro de datos de manera correcta y confiable. Limitarse a reaccionar ante los problemas a medida que surgen no es la mejor estrategia: desperdicia tiempo y puede ocasionar paradas imprevistas. Un enfoque más eficaz consiste en planificar, comunicar con claridad y aplicar un método sistemático para resolver problemas. Esta forma más inteligente no solo corrige lo que está mal de inmediato, sino que también examina la causa raíz para evitar que vuelva a ocurrir.

El primer paso para resolver un problema es identificarlo con precisión y documentarlo detalladamente. Esto implica describir claramente la falla: qué sistema está afectado, qué síntomas se observan, cuándo comenzó y cualquier condición relacionada, como cambios de temperatura o de suministro eléctrico. Las fotos y los videos, cuando están disponibles, resultan muy útiles. Esta información permite a los equipos solucionar el problema con mayor rapidez y asegura que todos compartan una misma comprensión de la situación. Utilizar un sistema digital compartido, como SharePoint, facilita que los distintos equipos —construcción, operaciones, controles y puesta en marcha— estén alineados. Además, debe permitir rastrear las diferentes versiones, para que nadie se confunda con actualizaciones obsoletas.

Una vez que el problema está claramente redactado, el siguiente paso es verificar las causas más básicas. Estas pueden incluir un cable suelto, una configuración incorrecta o un componente defectuoso. Esta revisión inicial suele detectar los fallos sencillos y ahorra tiempo al evitar demoras mayores o alarmas innecesarias.

Sin embargo, si esta verificación rápida no resuelve el problema ni identifica la causa, es necesario realizar un examen más exhaustivo. Para problemas más complejos, lo mejor es seguir un enfoque cuidadoso y paso a paso. Esto implica revisar los registros del sistema, analizar métricas de desempeño y llevar a cabo pruebas adicionales para acotar el origen de la falla. Cada intento realizado debe documentarse, incluyendo qué se hizo, qué ocurrió y las decisiones tomadas en función de los resultados. Contar con este historial completo resulta valioso si el problema reaparece o si otras personas necesitan revisar lo que se llevó a cabo.

Sacar el máximo provecho de la corrección de un problema implica un mejor control y deja una enseñanza útil para el futuro. También pone de manifiesto posibles puntos débiles en la configuración y ayuda a prevenir que el mismo tipo de inconveniente se repita. Estas lecciones adquieren gran valor con el tiempo y contribuyen a que todo el sistema funcione de manera más fluida a largo plazo.

Identificar la causa raíz de un problema es uno de los pasos más importantes para resolver incidencias durante las pruebas. El Análisis de Causa Raíz (RCA, por sus siglas en inglés) no se limita a solucionar lo que falla en el momento: busca descubrir qué provocó el problema en primer lugar. Existen varios métodos para lograrlo, como la técnica de los «5 porqués», el análisis de árbol de fallos o el diagrama de espina de pescado. El método elegido debe ajustarse a la complejidad del problema, así como a las herramientas y al tiempo disponibles. El objetivo no es solo aplicar un parche, sino comprender qué salió mal y por qué. Ese conocimiento permite a los equipos prevenir que vuelva a suceder, ahorrando tiempo y evitando inconvenientes futuros.

Tomemos un ejemplo: durante las pruebas con banco de carga, el equipo detecta lecturas de voltaje anómalas en una unidad específica de distribución de energía (PDU). El primer paso consiste en inspeccionar los cables y las conexiones para asegurarse de que todo esté firme y sin daños. Si no se observa nada anormal, es necesario profundizar en la investigación. En ese momento puede ser útil consultar los diagramas eléctricos, tomar nuevas mediciones de voltaje en distintos puntos del circuito y verificar los niveles de potencia en los UPS y los generadores.

Si eso no arroja resultados, el equipo debería probar las demás PDUs para determinar si el problema es exclusivo de esa unidad o si afecta a todo el sistema. Con el tiempo, podría descubrirse un pestillo suelto dentro del UPS que revela un componente que no funciona correctamente. En ese caso, reemplazar la pieza y actualizar el plan de mantenimiento ayudará a garantizar que el mismo problema no se repita más adelante.

La comunicación clara es tan importante como el trabajo técnico en sí. Todas las personas involucradas —el equipo de construcción, el equipo de operaciones, los ingenieros de red, el grupo de puesta en marcha y cualquier consultor externo— deben mantenerse en contacto constante. Proporcionar actualizaciones regulares, registros detallados y compartir abiertamente las preocupaciones ayuda a evitar malentendidos sobre el estado real del proyecto. Esto resulta especialmente crítico cuando un problema grave podría retrasar el avance general. Desde el inicio del proceso debe establecerse un plan claro que defina con qué frecuencia se darán las actualizaciones, a quiénes llegarán y qué información incluirán. De esta forma se mantiene el proyecto en curso y se evitan sorpresas de última hora. Una comunicación abierta y honesta genera confianza entre los equipos y contribuye a que el trabajo se realice correctamente desde la primera vez.

Solucionar los problemas de la manera adecuada es un esfuerzo colectivo. Cada equipo aporta algo valioso e irreemplazable. El equipo de construcción conoce al detalle cómo se ensamblaron los sistemas. El equipo de operaciones comprende cómo debe funcionar todo en el día a día. Los equipos de controles e informática aportan un conocimiento profundo de la red, los servidores y los sistemas del edificio. El equipo de puesta en marcha se concentra en las pruebas y en garantizar que todo opere conforme a lo diseñado. Cuando estos equipos colaboran de cerca, las probabilidades de identificar y corregir la falla de forma correcta se multiplican. Las reuniones periódicas y la resolución conjunta de problemas permiten aprovechar las mejores ideas de cada grupo para avanzar con eficacia.

Cada incidencia resuelta debe documentarse con claridad. Esto incluye los pasos realizados, los resultados observados en cada uno de ellos y la solución finalmente aplicada. Estos registros van mucho más allá de ser simples trámites: sirven de referencia para proyectos futuros, muestran qué funcionó y qué no, y ofrecen a los equipos la oportunidad de revisar todo el proceso e identificar áreas de mejora para la próxima vez. Es fundamental registrar la información de manera constante y confiable. No importa si el problema fue grande o pequeño: cada uno merece el mismo nivel de cuidado y rigor. Estos documentos ayudan a que todos comprendan mejor el funcionamiento de los sistemas y aseguran que, con el tiempo, las operaciones transcurran de forma más fluida y predecible.

Una vez resuelto el problema, debe generarse un informe formal de cierre. Este informe recapitula toda la historia de la incidencia. Debe incluir cuál fue el problema, cómo se abordó, cuál fue su causa raíz y qué solución se implementó finalmente. Asimismo, debe demostrar que la corrección fue exitosa y que el sistema ahora funciona conforme a lo previsto. Todas las personas involucradas deben revisar el informe y dar su aprobación, de modo que quede un registro claro y consensuado de lo ocurrido.

Estos informes constituyen una base de conocimiento compartida que facilita un mantenimiento y unas operaciones más fluidos en el futuro. Dedicar el tiempo necesario a documentar todo de forma adecuada ayuda a evitar que los mismos problemas se repitan. El objetivo no es solo corregir lo que falla, sino aprender de ello, introducir mejoras y garantizar que el centro de datos continúe funcionando sin contratiempos a largo plazo. Los equipos que aplican esta disciplina de manera consistente se preparan para un éxito duradero y para enfrentar menos imprevistos en el camino.

Documentación de la puesta en marcha y entrega

Mantener registros detallados durante y después de la puesta en marcha desempeña un papel crucial para garantizar que el centro de datos pase sin problemas a la operación plena. Estos registros se convierten en la fuente de referencia principal para el equipo de operaciones y también sirven como base para reparaciones, actualizaciones o modificaciones posteriores. Cada documento debe ser fácil de localizar, sencillo de comprender y seguir un formato consistente, de modo que cualquier persona que necesite la información pueda usarla sin confusiones. Para gestionar todo de forma adecuada, es necesario contar con un sistema claro —generalmente en una plataforma digital como SharePoint— que permita rastrear las diferentes versiones y asegurar que todos accedan siempre a la información más actualizada. El objetivo no es simplemente acumular archivos dispersos, sino crear un conjunto completo y coherente de documentos que se complementen entre sí y faciliten las verificaciones cruzadas.

Este conjunto exhaustivo de documentos debe abarcar varias áreas clave. En primer lugar, debe detallar todas las pruebas realizadas: para qué se diseñó cada prueba, las herramientas empleadas, los resultados obtenidos y cualquier incidencia que haya surgido. Estos detalles facilitan la identificación de la causa raíz de problemas futuros o la comparación de resultados si es necesario repetir pruebas similares. Ayudan al equipo de operaciones a saber por dónde empezar y qué verificar en primer lugar.

Los documentos también deben incluir referencias visuales —como planos, esquemas y diagramas— que ilustren la configuración real de todo: cómo se distribuye la energía, dónde se ubican los sistemas de enfriamiento, cómo se tienden los cables de red y demás. Estas imágenes permiten al equipo visualizar el conjunto completo y detectar con mayor facilidad cualquier problema físico que surja.

Además, los documentos deben contener un listado completo de todo el equipo instalado. Este listado debe incluir marca, modelo, números de serie y la frecuencia de mantenimiento recomendada. Concentrar esta información en un solo lugar ayuda a los equipos a seguir la vida útil de cada elemento, determinar cuándo debe ser atendido y planificar reemplazos con antelación. También permite comprender las capacidades y limitaciones de cada pieza de equipo.

Conocer el calendario de mantenimiento permite al equipo planificar de manera efectiva, evitar sorpresas y reducir al mínimo la probabilidad de que surjan incidencias. Asimismo, previene prisas de última hora. Contar con una lista completa y actualizada de contactos de proveedores en un mismo lugar significa que el equipo puede obtener ayuda rápidamente cuando algo falla o se necesitan piezas con urgencia. Este tipo de soporte resulta esencial para resolver problemas de forma inmediata y mantener la operación ininterrumpida del centro de datos.

Los documentos de puesta en marcha deben mostrar no solo cómo quedó el centro de datos al finalizar la construcción, sino también cualquier modificación realizada durante las fases de edificación y pruebas. Si algo se ejecutó de manera distinta a lo establecido en los planos originales, ese cambio debe explicarse con claridad. Es necesario incluir la razón del cambio y su impacto en el desempeño del sistema. De esta forma se evita confusión posterior y se asegura que la información refleje fielmente lo que se instaló en realidad. Contar con este registro actualizado y completo facilita la planificación futura y respalda decisiones más acertadas al momento de realizar mejoras o ampliaciones.

Es difícil exagerar la importancia de una buena documentación. Cuando todo se registra correctamente, se evitan errores, se simplifica la resolución de problemas y el centro de datos funciona de manera más fluida. Imagina qué podría ocurrir si un equipo clave no recibe su mantenimiento porque alguien pasó por alto un detalle en los registros. Ese único descuido podría provocar una avería inesperada. El resultado podría ser una parada prolongada y pérdidas económicas considerables. O piensa en intentar reparar o actualizar algo sin disponer de los planos correctos: eso generaría retrasos, costos adicionales y frustración generalizada. Este tipo de errores no solo causan problemas a corto plazo: pueden afectar de forma significativa el desempeño a largo plazo de toda la instalación y comprometer su confiabilidad.

El proceso de entrega desde el equipo de construcción al equipo de operaciones requiere una planificación meticulosa. No se trata de una reunión rápida, sino de una transferencia completa de conocimiento y responsabilidad. El equipo de construcción debe guiar al equipo de operaciones por cada rincón del centro de datos, explicando el funcionamiento de cada sistema. Esto debe ir mucho más allá de una simple charla: tiene que incluir demostraciones prácticas y sesiones de capacitación. De esta forma, el equipo de operaciones no solo escucha sobre los sistemas, sino que aprende realmente cómo utilizarlos y mantenerlos de la manera correcta.

Ambos equipos también deben revisar juntos toda la documentación. El personal de operaciones necesita comprender a fondo dónde se almacenan los documentos, cómo acceder a ellos y cómo utilizarlos cuando sea necesario. Esto abarca desde los informes de pruebas, los planos conforme a lo construido (as-built), los manuales, los cronogramas de mantenimiento y demás documentación relevante. El equipo de operaciones debe recibir formación específica sobre el funcionamiento del sistema de documentación, lo que les permitirá localizar y consultar la información de forma rápida y eficiente. Una lista de verificación resulta indispensable para seguir el progreso de lo revisado y garantizar que no se pase por alto ningún elemento. Este paso es fundamental para lograr una transición sin sobresaltos.

Al finalizar la entrega, tanto el equipo de construcción como el de operaciones deben firmar la conformidad del proceso. Deben declarar por escrito que la puesta en marcha ha concluido y que el centro de datos está listo para entrar en operación. Esta firma debe incluir la fecha, los nombres de todas las partes involucradas y cualquier asunto pendiente que aún requiera resolución. Este documento va más allá de ser un mero trámite: protege a ambas partes y se convierte en un componente esencial del registro oficial del proyecto. Representa el paso final de un proceso largo y minucioso, sentando las bases para una operación estable, duradera y confiable a partir de ese momento.

La elaboración de un manual de operaciones detallado constituye un elemento clave en el proceso de entrega. Este manual debe funcionar como una guía integral para la operación y el mantenimiento del centro de datos, ofreciendo instrucciones claras sobre las actividades diarias, la resolución de problemas comunes y la ejecución de tareas de mantenimiento rutinario.

El manual debe estar fácilmente accesible para el equipo de operaciones, preferiblemente en formatos tanto físico como digital, de modo que esté disponible en cualquier circunstancia. La claridad y la facilidad de comprensión del manual son de máxima importancia, ya que este documento se convertirá en la principal fuente de referencia para las operaciones cotidianas. Las actualizaciones y revisiones periódicas son esenciales para mantener su precisión y vigencia, asegurando que refleje siempre el estado actual del centro de datos y cualquier cambio operativo que se produzca con el tiempo.

El equipo de operaciones requiere un programa de capacitación integral que les permita familiarizarse a fondo con los sistemas del centro de datos, los procedimientos diarios y el nuevo manual de operaciones. Esta formación no debe limitarse a la teoría: también debe incluir práctica real con las manos en la masa y simulacros con problemas ficticios que ayuden a desarrollar habilidades y confianza. Cada sesión de entrenamiento debe adaptarse al nivel actual de conocimientos y experiencia del equipo, garantizando que todos los miembros puedan desempeñar su rol de manera efectiva.

Esto incluye instrucciones claras sobre qué hacer en situaciones de emergencia y cómo gestionar una crisis. Dotarles de estas herramientas les permite reaccionar con rapidez y eficacia ante cualquier imprevisto o incidencia grave. El propósito es formar un equipo sólido y confiable, capaz de mantener el centro de datos en funcionamiento óptimo sin importar los retos que se presenten.

El éxito del proceso de entrega depende en gran medida de lo completa y bien organizada que sea la documentación. Si esta carece de detalle o de estructura, el equipo de operaciones puede caer en confusión, cometer errores o incluso provocar paradas no planificadas. Ese tipo de problemas resultan costosos y, en la mayoría de los casos, evitables. Por eso un sistema de documentación claro y consistente es tan importante: facilita al equipo tomar decisiones rápidas y precisas, especialmente en momentos críticos. Este sistema también desempeña un papel clave en las operaciones a largo plazo, contribuyendo a que todo funcione sin contratiempos durante años. Una configuración ordenada desde el principio evita problemas futuros.

Además de la capacitación y la documentación, el equipo necesita un manual de operaciones bien redactado que pueda consultar a diario. Este manual debe contener guías paso a paso, rutinas de mantenimiento, procedimientos de emergencia y consejos básicos de resolución de problemas. Debe ser fácil de leer y mantenerse siempre actualizado. Elaborar y mantener un manual de esta calidad requiere tiempo, pero el esfuerzo vale la pena: proporciona al equipo el respaldo necesario cuando algo falla o cuando se incorporan nuevos miembros.

Invertir tiempo y cuidado en todos estos aspectos —desde la capacitación hasta la documentación y un manual completo— ayuda a prevenir errores costosos, genera confianza y conduce a una entrega mucho más fluida. El objetivo es entregar al equipo de operaciones todo lo que necesitan para dirigir el centro de datos sin tener que improvisar ni adivinar. Cuando todos comprenden los sistemas y saben exactamente dónde encontrar la información correcta, la transición de la construcción a la operación se simplifica enormemente. Este proceso meticuloso establece el tono de cómo funcionará el centro de datos durante años venideros. Con las herramientas y la formación adecuadas en su lugar, el equipo puede mantener la estabilidad, resolver incidencias con rapidez y reducir al mínimo las paradas. Eso es lo que mantiene la instalación confiable, eficiente y preparada para afrontar cualquier desafío que surja en el futuro.

Coordinación y colaboración con proveedores

La coordinación estrecha con los proveedores desempeña un papel fundamental en el éxito de la puesta en marcha de un centro de datos. Esta fase suele implicar la participación simultánea de múltiples proveedores, cada uno responsable de aspectos específicos de la infraestructura. Para gestionar adecuadamente todas estas piezas en movimiento, es esencial adoptar un enfoque proactivo y organizado que comience mucho antes del inicio real de la puesta en marcha. Todo parte de un plan de comunicación claro que defina el rol, las responsabilidades de cada proveedor y el procedimiento para escalar incidencias en caso de que surjan problemas. Este plan asegura que todos avancen en la misma dirección y que cualquier conflicto se resuelva rápidamente antes de convertirse en obstáculos mayores.

El plan de comunicación debe incluir los contactos clave de cada proveedor, de modo que el equipo de operaciones sepa siempre exactamente a quién dirigirse ante cualquier inconveniente. Asimismo, debe especificar los canales preferidos de contacto —ya sea teléfono, correo electrónico o una plataforma compartida de gestión de proyectos— y establecer expectativas claras sobre los tiempos de respuesta según la urgencia del asunto. Contar con esta estructura permite que las personas adecuadas aborden los problemas de inmediato, reduciendo retrasos e interrupciones. Resulta igualmente valioso programar reuniones periódicas

—semanales o quincenales, según la complejidad del proyecto— para revisar lo avanzado, lo pendiente y cualquier riesgo que se vislumbre en el horizonte. Estas reuniones deben contar siempre con la presencia de representantes clave del equipo de operaciones, del equipo de puesta en marcha y de todos los proveedores involucrados. Tomar notas detalladas y distribuirlas mantiene a todos informados y responsables.

Uno de los aspectos más importantes al trabajar con proveedores es establecer acuerdos de nivel de servicio (SLA, por sus siglas en inglés) claros y bien definidos. Estos acuerdos detallan las expectativas para cada proveedor, incluyendo los tiempos de respuesta requeridos para atender incidencias, los plazos para resolver problemas y los niveles aceptables de indisponibilidad. Todas las partes involucradas deben firmar estos SLA para evitar malentendidos posteriores. Estos documentos protegen al operador del centro de datos al proporcionar un plan de acción concreto en caso de que un proveedor no cumpla con lo acordado. Un buen SLA abarca desde el mantenimiento básico hasta las intervenciones de emergencia. A medida que el centro de datos evoluciona, estos acuerdos deben revisarse y actualizarse periódicamente para adaptarse a los cambios en las operaciones o en los requisitos.

Además, es fundamental incorporar métricas reales de desempeño en cada SLA. Estas mediciones permiten seguir el rendimiento de cada proveedor y verificar si están cumpliendo con sus compromisos. No se puede mejorar lo que no se mide, por lo que este seguimiento ofrece la información necesaria para evaluar su desempeño y detectar áreas de mejora. Al monitorear estos indicadores de cerca y realizar revisiones regulares, se garantiza que todos los proveedores continúen cumpliendo con las expectativas y contribuyan a mantener el centro de datos en funcionamiento fluido y sin sorpresas.

Más allá de los acuerdos de nivel de servicio formales, una gestión sólida de riesgos marca una diferencia significativa al anticiparse a posibles problemas. Esto implica identificar con antelación las incidencias que podrían surgir durante la puesta en marcha, como retrasos en la entrega de equipos, falta de personal calificado en los equipos de los proveedores o dificultades técnicas imprevistas que ralenticen el proceso. Para cada riesgo detectado, elabora un plan de acción detallado que especifique exactamente qué medidas tomar para reducir su probabilidad o eliminarlo por completo.

Seleccionar a los proveedores adecuados desde el principio resulta igualmente crucial. Es necesario investigar a fondo: evaluar sus capacidades técnicas, su estabilidad financiera y su reputación. Siempre verifica referencias y profundiza en su desempeño en proyectos similares. No te guíes únicamente por el precio más bajo. Sí, el costo importa, pero la experiencia, la fiabilidad y los éxitos previos son igual de importantes. Debes conocer con precisión qué puede aportar cada proveedor, qué rol desempeñará y si su forma de trabajar y sus prácticas de seguridad se alinean con tus estándares. Elegir los socios correctos desde temprano evita dolores de cabeza importantes más adelante.

Un aspecto que a menudo se pasa por alto es garantizar que todos sepan con exactitud de qué son responsables. Es fundamental ser claros respecto a quién es el propietario de cada parte del proceso de puesta en marcha, especialmente cuando varios proveedores intervienen en la misma tarea. Crea una tabla sencilla que indique la tarea, el responsable principal y cualquier apoyo involucrado, si aplica. Mantén esta tabla actualizada cada vez que cambien roles o surjan nuevas actividades. Cuando todos conocen su responsabilidad, se reduce la confusión, se minimizan los retrasos y aumenta la rendición de cuentas. Combínalo con un sistema regular de actualizaciones —informes de progreso simples— que mantengan informados tanto al equipo de operaciones como a los proveedores. Cuando todos manejan la misma información, se genera confianza y las cosas fluyen con mayor fluidez.

Lograr que todos los sistemas de los proveedores funcionen de manera integrada como un todo representa otro paso clave. No es sencillo. Estos sistemas suelen depender unos de otros y, si no se planifica bien, los problemas pueden aparecer rápidamente. Necesitas un plan detallado de integración que establezca los pasos, los plazos y la responsabilidad asignada a cada parte. A medida que se integra cada componente, realiza pruebas regulares para verificar que todo opere en conjunto. No esperes hasta el final para comprobarlo. Detectar y corregir problemas temprano evita retrasos importantes o fallos inesperados. Documenta cada prueba con rigor: qué se probó, el resultado obtenido y cualquier corrección aplicada.

Estos registros son valiosos no solo en el momento presente, sino también para el mantenimiento y la resolución de problemas a largo plazo.

La importancia del soporte posterior a la puesta en marcha no puede subestimarse. Los proveedores deben ofrecer apoyo continuo y mantenimiento para los equipos y sistemas que instalaron. Esto suele regirse mediante acuerdos de nivel de servicio (SLA) que definan el nivel de soporte, los tiempos de respuesta y otras métricas de desempeño. Es esencial que estos SLA sean exhaustivos y aborden todos los escenarios posibles, desde el mantenimiento rutinario hasta las reparaciones de emergencia. Mantener una comunicación regular con los proveedores resulta indispensable para verificar que cumplen con las obligaciones establecidas en los acuerdos. Esto puede incluir reuniones programadas, informes periódicos de desempeño y una respuesta inmediata ante cualquier incidencia. Este soporte continuo minimiza interrupciones y maximiza la eficiencia operativa del centro de datos a lo largo del tiempo.

Finalmente, todo el proceso de puesta en marcha y entrega debe documentarse con el mayor rigor posible. Esta documentación actúa como un registro histórico que facilita la resolución de problemas, el mantenimiento y las futuras ampliaciones o actualizaciones. Debe abarcar todos los aspectos de la colaboración con los proveedores, incluyendo los acuerdos de nivel de servicio (SLA), los registros de comunicaciones, las evaluaciones de riesgos y los resultados de las pruebas de integración.

Este conjunto exhaustivo se convierte en un recurso valioso para el equipo de operaciones, garantizando una transición fluida hacia la fase operativa plena. La documentación completa constituye la base sólida de una gestión eficiente a largo plazo, facilita una resolución ágil de incidencias y asegura la salud operativa sostenida del centro de datos. El registro meticuloso representa una inversión estratégica en mayor eficiencia y éxito operativo en el futuro.

Garantizar el cumplimiento normativo

Cumplir con todas las normativas es absolutamente esencial a lo largo de toda la vida útil de un centro de datos, pero adquiere una importancia crítica durante las fases de puesta en marcha y entrega. Esta etapa representa la transición de la construcción a la operación plena, y cualquier incumplimiento normativo puede generar graves contratiempos: desde retrasos en el proyecto hasta interrupciones del servicio, multas o incluso problemas legales. Por ello resulta imprescindible comprender y gestionar el cumplimiento normativo con sumo cuidado en esta fase, y el presente apartado examina de cerca los aspectos más relevantes de ese proceso.

El cumplimiento no debe ser una consideración secundaria. Es fundamental comenzar a revisar los códigos y normativas aplicables desde las primeras etapas —idealmente durante el diseño—, de modo que el centro de datos se construya correctamente desde el principio. Dejarlo para cuando la construcción ya ha finalizado puede ocasionar retrasos costosos y modificaciones onerosas. El cumplimiento abarca códigos de edificación, normativas de seguridad contra incendios, estándares eléctricos, regulaciones ambientales y leyes de protección de datos. Mantenerse al día con estas disposiciones ayuda a prevenir problemas mayores en el futuro.

Los códigos de edificación constituyen la base, ya que regulan la estructura del edificio, las vías de acceso y evacuación, y la seguridad en el interior. Estos códigos protegen la integridad del personal y garantizan que todo se mantenga en los más altos estándares. Si el centro no los cumple, se pueden imponer multas o incluso ordenar la suspensión de operaciones hasta resolver las deficiencias. Entre los problemas habituales figuran salidas de emergencia ausentes o insuficientes, iluminación de emergencia inadecuada o rampas que no satisfacen los requisitos de accesibilidad. Para asegurar el cumplimiento, arquitectos, ingenieros e inspectores deben colaborar estrechamente durante toda la construcción y la puesta en marcha. Asimismo, es necesario programar inspecciones periódicas y conservar registros claros y detallados de ellas. Estas medidas confirman que el sitio cumple con todos los códigos exigidos y ayudan a evitar sorpresas de última hora.

Las normativas de seguridad contra incendios para centros de datos son especialmente rigurosas, dada la altísima valoración de los equipos y los datos alojados en ellos. Estas reglas especifican el tipo de sistema de supresión de incendios requerido, la ubicación de las salidas de emergencia y los materiales permitidos en la construcción. Cumplir implica instalar sistemas avanzados de detección de incendios y de supresión con agentes limpios que no dañen los componentes electrónicos. Las revisiones periódicas de los sistemas, el mantenimiento continuo y la capacitación del personal —en particular simulacros de evacuación— resultan indispensables para cumplir estas normativas y prevenir daños a los equipos, multas o consecuencias aún más graves. La formación es obligatoria. Por ejemplo, los simulacros de incendio deben involucrar a todas las personas que trabajan en el sitio, de modo que conozcan los pasos exactos a seguir en caso de emergencia. Incumplir estas disposiciones no solo puede dañar el equipamiento: puede anular la cobertura del seguro, derivar en sanciones económicas elevadas o, en casos graves, incluso acarrear responsabilidades penales.

La seguridad eléctrica desempeña un papel crucial para garantizar que el centro de datos funcione de manera fluida y segura, y las normativas que la regulan son estrictas por una razón bien fundada. Estos códigos eléctricos establecen estándares para todo, desde los métodos de cableado hasta los sistemas de puesta a tierra, y exigen el uso de dispositivos de protección como interruptores automáticos y detectores de fallos a tierra (GFCI). Cumplir estas reglas no es opcional: es imprescindible para prevenir accidentes eléctricos y asegurar que el suministro de energía permanezca fiable.

Pasar por alto estos aspectos puede generar problemas graves, como incendios, daños a equipos de alto costo o incluso lesiones al personal que trabaja en el sitio. Por ello, durante la instalación y las pruebas, cada detalle cuenta. Los electricistas deben cumplir estrictamente con los códigos eléctricos nacionales —como el NEC en Estados Unidos— y someterse a inspecciones periódicas. Asimismo, es fundamental realizar pruebas regulares de los sistemas de respaldo, como las unidades de alimentación ininterrumpida (UPS) y los generadores. Estas verificaciones garantizan que funcionen correctamente en situaciones de emergencia. Mantener registros claros y detallados de todas las instalaciones —incluyendo diagramas de cableado, informes de pruebas y bitácoras de mantenimiento— proporciona evidencia de cumplimiento y facilita enormemente la resolución de problemas o las futuras actualizaciones.

Junto con las normativas eléctricas, las regulaciones ambientales cobran cada vez mayor relevancia en la operación de los centros de datos. Estas leyes promueven la reducción del consumo energético, una gestión más efectiva de los residuos y la minimización del impacto ambiental global. Dado que los centros de datos consumen cantidades significativas de electricidad, deben adoptar soluciones innovadoras para enfriar los sistemas y reducir desperdicios. Esto puede incluir el uso de sistemas de enfriamiento de alta eficiencia energética o la transición hacia fuentes de energía renovable, como la solar o la eólica.

También es necesario monitorear de cerca el consumo energético. Además, cualquier residuo electrónico o material peligroso debe desecharse conforme a las disposiciones legales. En muchas regiones existen regulaciones estrictas sobre el manejo de aguas residuales; por ejemplo, las torres de enfriamiento suelen requerir cumplir estándares ambientales específicos antes de ser aprobadas. Incumplir estas normas puede acarrear multas considerables y consecuencias legales. Por esta razón, los centros deben emplear herramientas de monitoreo ambiental, presentar informes periódicos a las autoridades y gestionar activamente los residuos desde el inicio hasta el final del ciclo operativo.

En lo que respecta a la protección de datos, las leyes de privacidad son igualmente críticas, sobre todo para aquellos centros que almacenan y gestionan información sensible o confidencial. Estas normativas establecen cómo debe almacenarse, usarse y protegerse la información, y garantizan que nadie acceda a ella sin autorización. Para cumplir con ellas, los centros de datos deben implementar herramientas de seguridad robustas, como cifrado y controles de acceso estrictos. Leyes como el Reglamento General de Protección de Datos (GDPR) en Europa o la Ley de Privacidad del Consumidor de California (CCPA) en Estados Unidos son particularmente rigurosas y conllevan sanciones importantes por incumplimiento.

No acatarlas puede dañar no solo las finanzas, sino también la reputación de la organización. Por ello, resultan esenciales las auditorías de seguridad periódicas, la capacitación continua del personal y la definición clara de planes de respuesta ante posibles incidencias. Durante la fase de puesta en marcha, el equipo debe verificar que todos los componentes del sistema de seguridad funcionen correctamente y se integren de forma impecable con el resto de los sistemas del sitio.

Además de estas normativas específicas, las leyes generales de seguridad también desempeñan un papel fundamental. Proteger la integridad de los trabajadores —desde la construcción hasta la operación plena— es igual de prioritario. Esto implica proporcionar la formación adecuada, garantizar el uso correcto de equipos de protección personal (EPP) y mantener prácticas de trabajo seguras en el día a día. Incluye también la realización de recorridos de seguridad regulares, auditorías periódicas y la notificación clara de cualquier accidente o incidente cercano (near-miss).

Cumplir con las normas de OSHA en Estados Unidos (o con las agencias equivalentes en otros países) contribuye decisivamente a reducir el riesgo de lesiones laborales. Es necesario realizar sesiones de capacitación periódicas, garantizar que el personal utilice el equipo de protección adecuado, mantener un entorno de trabajo seguro y contar con planes claros y bien definidos para gestionar emergencias. Los Análisis de Peligros Laborales (Job Hazard Analyses o JHAs) resultan particularmente útiles para identificar y mitigar riesgos antes de que se conviertan en incidentes graves. Dedicar el tiempo necesario a implementar todo esto correctamente no solo protege a las personas: también mantiene los proyectos en curso y las operaciones sin interrupciones innecesarias.

Es imprescindible documentar cada paso del proceso de cumplimiento normativo con precisión y rigor. Estos registros deben reflejar con claridad todos los permisos obtenidos, las inspecciones realizadas y los resultados de las pruebas llevadas a cabo. Esta documentación constituye la prueba irrefutable de que se han seguido las normativas y adquiere una relevancia crítica en caso de auditorías o investigaciones sobre posibles incumplimientos. Mantén toda esta información organizada, accesible y bien estructurada para que tanto los interesados internos como las autoridades externas puedan consultarla sin dificultad. El uso de una herramienta de software especializada facilita enormemente la gestión eficiente de estos documentos.

Los registros deben ser detallados, claros y lo suficientemente completos como para permitir seguir el avance del cumplimiento, detectar cualquier anomalía y localizar rápidamente la documentación necesaria durante una auditoría o en una situación de emergencia. Mantener todo actualizado y revisarlo de forma periódica ayuda a anticiparse a los problemas y hace que la entrega a la operación plena sea mucho más fluida. Además, contribuye a que todos los involucrados estén alineados y reduce el riesgo de omisiones o descuidos.

Sin embargo, el cumplimiento normativo no concluye al finalizar la fase de puesta en marcha: requiere un esfuerzo continuo. Esto implica programar auditorías regulares, efectuar inspecciones periódicas y actualizar sistemas y prácticas para garantizar que sigan alineados con las leyes y códigos vigentes. Las normativas evolucionan, por lo que es esencial mantenerse informado sobre cualquier cambio. No esperes a que una obligación te obligue a reaccionar: mantén al equipo al tanto y preparado para adaptarse antes de que surja un inconveniente. Integra esta disciplina como un componente permanente de las operaciones.

Esta mentalidad fomenta una cultura organizacional sólida, basada en la seguridad, la responsabilidad y los más altos estándares. No se trata solo de evitar multas o sanciones —aunque eso también lo logra—, sino de salvaguardar la salud y el éxito a largo plazo del centro de datos.

Considera el cumplimiento normativo como una inversión estratégica en el futuro. Permite que el negocio funcione sin contratiempos inesperados, protege la reputación y asegura que todo transcurra con fluidez año tras año. Cuando el equipo respeta las normas y se mantiene preparado, el centro de datos gana en confiabilidad, seguridad y capacidad para enfrentar cualquier desafío que surja en el horizonte.

Desarrollo de un programa integral de capacitación

Crear un programa de capacitación sólido desempeña un papel fundamental para garantizar que la transición del centro de datos se desarrolle sin contratiempos. Esto no es algo que deba resolverse rápidamente: establece las bases para operaciones fluidas, seguridad y cumplimiento normativo. Un programa de formación bien estructurado equipa a tu equipo con las habilidades y los conocimientos necesarios para enfrentar de manera efectiva los desafíos reales que implica operar un centro de datos.

Esto se traduce en menos errores, tiempos de inactividad más cortos y una mayor confiabilidad en el tiempo de actividad. Un equipo bien preparado contribuye a que todo funcione de forma óptima. Esta sección te guía paso a paso en la creación de un plan de capacitación robusto, cubriendo los aspectos clave que resultan críticos tanto durante el proceso de entrega como para el éxito operativo a largo plazo. Ningún programa de capacitación funciona sin antes entender realmente las necesidades de tu equipo.

Comienza realizando un análisis exhaustivo de las habilidades que tu equipo pueda estar necesitando y cómo esas brechas podrían afectar las operaciones. De esta forma podrás diseñar la formación para cerrar precisamente esas lagunas. Para hacerlo correctamente, es necesario comprender en profundidad cómo funcionan los sistemas del centro de datos y cuáles son las responsabilidades de cada persona. Habla directamente con los involucrados —ya sean miembros del equipo de operaciones, supervisores u otro personal de apoyo—. Utiliza esas conversaciones para determinar qué saben, en qué áreas necesitan ayuda y qué fortalezas ya poseen sobre las que puedas construir. Este proceso debe abarcar una amplia gama de competencias, incluyendo el manejo de PDU, la resolución de problemas de red, la gestión de sistemas HVAC y el seguimiento de los procedimientos correctos durante emergencias. También debes cubrir las prácticas de seguridad, el uso de las herramientas de monitoreo y asegurar que comprendan las normativas que aplican a su trabajo diario.

Una vez que identifiques claramente las necesidades de capacitación de tu equipo, puedes construir un plan de formación efectivo y realista. Esto implica definir objetivos de aprendizaje claros para cada módulo, decidir la mejor metodología de enseñanza, establecer formas de evaluar su efectividad y fijar plazos para su completación. Estructura el programa en etapas progresivas, facilitando su personalización según las necesidades de cada individuo.

Algunas personas pueden necesitar aprender un sistema desde cero, mientras que otras solo requieran un repaso de procesos que ya utilizan. Organiza los módulos de manera que cada uno se construya sobre el anterior, permitiendo que el equipo avance paso a paso. Si alguien tiene dificultades en un área específica, podrás brindarle apoyo adicional sin retrasar al resto del grupo. Esta estructura mantiene todo claro, mantiene el aprendizaje en curso y ayuda al equipo a ganar confianza para enfrentar problemas reales dentro del centro de datos.

Seleccionar los métodos de capacitación adecuados es esencial para que el programa funcione para todos. Como las personas aprenden de formas diferentes, utilizar una combinación de enfoques ayuda a cubrir todas las necesidades. Puedes incluir sesiones teóricas guiadas por instructor, trabajo práctico en laboratorio, módulos en línea a ritmo propio y formación práctica directamente en el puesto de trabajo.

Las sesiones en aula ofrecen un entorno concentrado donde los instructores explican el contenido, responden preguntas y fomentan discusiones. Las sesiones de laboratorio permiten a los participantes experimentar con los conceptos de forma segura antes de intervenir en sistemas reales, lo que les ayuda a ganar confianza mediante escenarios reales o simulados. Los módulos en línea también resultan muy útiles: son flexibles, económicos y permiten a los participantes aprender a su propio ritmo, revisando el material tantas veces como sea necesario.

La formación en el puesto de trabajo pone en práctica los conocimientos adquiridos, con personal experimentado guiando a los aprendices a través de tareas reales. Combinar todos estos elementos en un solo programa suele dar los mejores resultados. Además, puedes complementar la experiencia con videos de capacitación proporcionados por los proveedores y con los programas internos ya existentes, para mantener la coherencia con las herramientas y procedimientos que ya se utilizan en el sitio.

Unos materiales de capacitación de calidad marcan la diferencia entre un programa que perdura en la memoria y uno que se olvida rápidamente. Estos materiales deben ser claros, fáciles de seguir y útiles para personas con distintos niveles de experiencia. Organízalos de forma lógica, estableciendo objetivos claros para cada sección, incorporando ejemplos de la vida real, ejercicios interactivos y controles de comprensión integrados a lo largo del recorrido. Diagramas, esquemas de flujo y videos facilitan la comprensión de temas complejos y evitan que el contenido resulte monótono. Los estudios de casos también son muy efectivos.

Por ejemplo, mostrar cómo un mantenimiento deficiente provocó una falla en el sistema de enfriamiento ilustra de manera poderosa por qué el mantenimiento preventivo es indispensable. Es igualmente importante adaptar los materiales al sitio específico: incluye los sistemas y equipos que tu equipo utiliza en la realidad. Mantén los materiales actualizados mediante revisiones periódicas, incorporando cambios en el equipamiento, evoluciones en los procedimientos o nuevas normativas que surjan.

También es necesario evaluar la efectividad de la capacitación. Esto implica emplear diversos métodos de evaluación para confirmar que los participantes no solo comprenden el contenido, sino que saben aplicarlo. Combina pruebas escritas, tareas prácticas, simulaciones y evaluaciones basadas en el desempeño real.

Por ejemplo, podrías realizar una prueba práctica en la que el participante deba localizar y resolver una incidencia durante un corte de energía simulado o restablecer la comunicación con el BMS tras una interrupción.

Define estándares claros para aprobar cada evaluación y proporciona retroalimentación inmediata para que las personas sepan en qué enfocarse. Al mismo tiempo, reconoce a quienes destacan por encima de lo esperado: esto motiva al equipo y demuestra que su esfuerzo tiene valor.

Incluso después de concluir la capacitación inicial, sigue trabajando en su mejora continua. Recopila opiniones de los participantes y de los supervisores para identificar qué funcionó y qué no. Analiza los resultados de las pruebas y las encuestas para detectar patrones y determinar dónde se puede perfeccionar el programa. Revisa el contenido de forma periódica para asegurarte de que siga alineado con los sistemas en uso, cumpla con las normativas vigentes y refleje con precisión las competencias que tu equipo realmente necesita. Continúa escuchando, aprendiendo y refinando el programa para que evolucione junto con tu centro de datos y mantenga al equipo siempre alerta, preparado y seguro en cada paso.

Considera la implementación de un sistema robusto de gestión del conocimiento. Puede tratarse de una plataforma dedicada o de algo más sencillo, como un sitio de SharePoint bien estructurado. El objetivo es centralizar todos los recursos de capacitación, los Procedimientos Operativos Estándar (SOP), la documentación de sistemas y la información de cumplimiento normativo en un único lugar de fácil acceso. Cuando tu equipo sabe exactamente dónde encontrar lo que necesita, trabaja con mayor eficiencia y con una confianza mucho mayor.

Este enfoque fomenta una mentalidad de aprendizaje continuo y reduce los retrasos causados por información ausente o desactualizada. Asegúrate de que el sistema esté bien organizado, sea intuitivo de usar y se actualice de forma regular. Todos deben poder buscar y localizar respuestas sin frustración alguna. Proporcionar al equipo las herramientas adecuadas les hace sentir respaldados y preparados para enfrentar cualquier desafío que surja.

Un programa de capacitación sólido no se limita al conocimiento técnico. También es necesario poner énfasis en las habilidades blandas, como el trabajo en equipo, la comunicación clara, el pensamiento crítico y la toma de decisiones acertada. Estas competencias resultan especialmente valiosas en un centro de datos, donde los equipos suelen tener que colaborar bajo presión.

Incorpora módulos específicos dedicados a habilidades blandas y hazlos interactivos para potenciar el aprendizaje. El juego de roles, las discusiones grupales y las actividades de resolución de problemas funcionan muy bien. Por ejemplo, simula un escenario en el que falla el sistema de enfriamiento y el equipo debe responder con rapidez. Practicar estos momentos ayuda a las personas a ganar confianza y a aprender cómo apoyarse mutuamente.

Una comunicación sólida mejora la coordinación entre departamentos y facilita la notificación de incidencias o la colaboración con proveedores. La resolución rápida de problemas limita el tiempo de inactividad, y una toma de decisiones segura conduce a mejores resultados cuando se presenta una emergencia. Estas habilidades respaldan cada tarea técnica y contribuyen a que las operaciones transcurran sin contratiempos.

La programación y la entrega de la capacitación son tan importantes como el contenido que se enseña. Planifica las sesiones considerando las operaciones diarias para minimizar interrupciones. Si es posible, realiza las capacitaciones en horarios de menor actividad o implántalas por fases. De esta manera evitas retirar a demasiadas personas de sus funciones al mismo tiempo. Asegúrate de contar con instructores suficientes, equipamiento adecuado y espacio necesario para que las sesiones se desarrollen sin inconvenientes.

Explica con claridad los objetivos de la capacitación, el cronograma y las expectativas para todos los participantes. Las personas necesitan comprender por qué es importante la formación y cómo les ayudará a desempeñar mejor su trabajo. Cuando se les mantiene informados y se les involucra, es mucho más probable que participen de forma plena. Lleva un registro de la asistencia y del progreso, y documenta todo: desde los horarios hasta los certificados de capacitación. Esto ofrece una visión clara del avance y permite demostrar ante auditores o reguladores que se están siguiendo los procedimientos correctos.

En resumen, construir un excelente programa de capacitación requiere tiempo, esfuerzo y una visión a largo plazo. Va más allá de enseñar cómo funcionan los sistemas: se trata de formar un equipo que aprende en conjunto, trabaja bien bajo presión y busca constantemente formas de mejorar. Cuando inviertes en una capacitación sólida, preparas a tu equipo para afrontar cualquier reto que se presente. Reduces el riesgo de errores, evitas paradas costosas y mantienes el centro de datos funcionando con eficiencia y en pleno cumplimiento normativo. Con el enfoque adecuado, tu equipo se convierte en el activo más valioso. Llevarán el éxito del proyecto desde la fase de construcción hasta unas operaciones diarias confiables y de alto rendimiento.

Capacitación en el puesto de trabajo y mentoría

La capacitación en el puesto de trabajo (OJT, por sus siglas en inglés) y la mentoría desempeñan un papel fundamental en el desarrollo de un programa de formación robusto para el equipo de tu centro de datos. Mientras que la formación formal —como sesiones en aula o módulos de e-learning— establece las bases, cubre las teorías esenciales y los procedimientos clave, la OJT lleva todo un paso más allá. Permite a los miembros del equipo aplicar lo aprendido en un entorno de trabajo real, ayudándoles a comprender los sistemas que utilizarán a diario, junto con esos pequeños detalles que rara vez aparecen en manuales o presentaciones de capacitación. Al mismo tiempo, la mentoría ofrece una orientación personalizada por parte de alguien que ya ha recorrido el camino. Un mentor acompaña, enseña y motiva. Cuando combinas ambas —OJT y mentoría—, aceleras el aprendizaje, fortaleces el sentido de pertenencia y construyes un equipo de operaciones más sólido y mejor preparado.

Para implementar una OJT efectiva, comienza con una planificación rigurosa. Identifica qué necesita aprender cada miembro del equipo y determina exactamente dónde se encuentran sus brechas de competencias. Esto implica revisar las responsabilidades asociadas a cada rol y comprender qué hace único el diseño y la operación de tu centro de datos. No te limites al conocimiento técnico: considera también la capacidad de comunicación, el trabajo en equipo y la resolución de problemas en tiempo real. Por ejemplo, un técnico nuevo podría necesitar experiencia práctica con PDU y herramientas de monitoreo de energía, mientras que un ingeniero senior se beneficiaría de la mentoría en la toma de decisiones acertadas durante emergencias o fallos del sistema. Cada rol requiere un enfoque distinto, así que personalízalo en consecuencia.

Una vez definido el enfoque, elabora un plan claro de OJT. Detalla las competencias que cada aprendiz debe adquirir, establece un cronograma realista y define cómo medirás el progreso. Sé específico sobre las tareas que realizará el aprendiz, el tipo de orientación que recibirá y qué significa el éxito en cada etapa. Esta estructura mantiene todo organizado y permite que tanto el aprendiz como su mentor sigan el rumbo sin desviarse. Reserva tiempo para revisiones periódicas en las que los mentores puedan ofrecer retroalimentación honesta y mantener alta la motivación del aprendiz. Utiliza esas sesiones para realizar ajustes menores si el proceso necesita adaptarse. Mantén la flexibilidad, pero siempre con un enfoque claro.

La elección de los mentores adecuados marca una diferencia decisiva. Un buen mentor domina a fondo los sistemas, cuenta con amplia experiencia y sabe explicar las cosas con claridad. Busca personas confiables, pacientes y accesibles. Un mentor sólido no solo transmite conocimiento: inspira a los demás a aprender, crecer y elevar su desempeño. Intenta emparejar mentores y aprendices considerando sus estilos de trabajo y preferencias de comunicación. Por ejemplo, unir a un aprendiz reservado pero curioso con un mentor paciente y reflexivo suele dar resultados excelentes. Alinear los estilos de aprendizaje y las personalidades favorece el éxito de la relación, lo que se traduce en mejores resultados de capacitación. Los pares mentor-aprendiz fuertes generan confianza, transmiten conocimiento valioso y contribuyen a formar un equipo que funciona de manera fluida y se respalda mutuamente en cada paso.

Poner en marcha el programa de OJT implica mantenerse de cerca con el progreso de los aprendices desde el primer día. Los supervisores y mentores deben seguir involucrados de forma activa, ofreciendo retroalimentación en tiempo real y asegurándose de que el aprendiz se sienta respaldado en cada paso. El mentor debe explicar cada tarea con claridad, responder preguntas sin dudar y brindar ayuda según sea necesario. Todos los que participan deben contribuir a crear un ambiente donde formular dudas se sienta natural y alentado, nunca incómodo.

Las conversaciones abiertas, el intercambio de experiencias y una guía constante ayudan a construir un entorno de aprendizaje donde las personas se sientan seguras para equivocarse y crecer a partir de sus errores. Este tipo de atmósfera impulsa tanto la confianza como el progreso real. Los aprendices deben sentirse empoderados para tomar la iniciativa, resolver problemas por sí mismos y buscar activamente opiniones que les permitan mejorar continuamente.

Las revisiones frecuentes y estructuradas del desempeño son una parte esencial para que la OJT funcione bien. Estas evaluaciones no deben quedarse solo en el conocimiento técnico: también tienen que medir el avance en comunicación, trabajo en equipo y capacidad de pensar de forma independiente. Un aprendiz puede ser brillante haciendo diagnósticos, pero ¿sabe explicar un problema al equipo cuando hay presión? Estas habilidades blandas importan igual. Tanto el mentor como el aprendiz deben participar en estas revisiones. Así se obtiene una imagen completa y equilibrada de cómo van las cosas y qué necesita ajuste fino. La retroalimentación en estas sesiones debe ser clara, útil y enfocada en acciones concretas que el aprendiz pueda tomar para seguir creciendo. Usa lo que sale de cada revisión para ajustar el plan de capacitación si hace falta. De esta forma el programa se mantiene alineado con el ritmo y la forma de aprender de cada persona.

Un programa de OJT que realmente da en el clavo va mucho más allá de enseñar herramientas y sistemas: también genera una comprensión más profunda del trabajo. Ayuda a formar una mentalidad de aprendizaje continuo, curiosidad y colaboración que se queda. Cuando se hace bien, los equipos se comunican mejor, resuelven problemas más rápido y mantienen todo funcionando con más fluidez en el centro de datos. Para no perder ese impulso, revisa el programa de capacitación con regularidad. La tecnología cambia deprisa y la forma de capacitar debe seguirle el paso. Mantente al día con las actualizaciones de equipos, procedimientos y requisitos normativos. Sigue hablando con mentores y aprendices para saber qué está funcionando y qué no. Su experiencia directa en el día a día es oro puro para mantener la capacitación afilada y relevante.

Aquí va un ejemplo rápido que lo une todo. Un centro de datos grande lanzó hace poco un programa completo de OJT y mentoría hecho a medida para su nuevo equipo técnico. Construyeron desde cero un plan exhaustivo que incluía trabajo práctico con distribución de energía, controles de

HVAC, EPMS y resolución de fallos en BAS, además de las tareas diarias de mantenimiento de servidores. Escogieron a técnicos con experiencia como mentores: gente que no solo dominaba la tecnología, sino que también tenía la paciencia y las habilidades de comunicación para guiar bien a los compañeros más nuevos.

Los resultados se vieron rápido: mejoras notables en el desempeño, mejor trabajo en equipo y cambios de turno mucho más suaves. El programa no solo tapó huecos de conocimiento: les dio a las personas la confianza y el respaldo que necesitaban para destacar en su trabajo.

El programa de mentoría consistía en reuniones periódicas uno a uno entre mentores y aprendices, en las que se revisaba el progreso, se abordaban los desafíos y se compartían experiencias e insights valiosos. Los mentores no solo guiaban a los aprendices en las tareas técnicas, sino que también les ayudaban en su desarrollo profesional integral. Estas reuniones ofrecían a los aprendices la oportunidad de plantear preguntas, aclarar dudas y construir esa confianza que solo surge del apoyo genuino y de una retroalimentación honesta.

El programa también brindaba a los aprendices oportunidades prácticas para trabajar en tareas reales con sus mentores a su lado. Esto les permitía aplicar lo aprendido en un entorno auténtico, contando siempre con alguien que les orientara y resolviera dudas en el momento. Las revisiones periódicas de desempeño se convirtieron en un componente estándar del proceso: los mentores ofrecían retroalimentación clara y constructiva, destacando las áreas que requerían mayor atención. Estas evaluaciones favorecían un crecimiento constante en los aprendices y, al mismo tiempo, permitían que el programa se perfeccionara con el tiempo.

Los resultados superaron las expectativas. Los aprendices adquirieron rápidamente las competencias técnicas necesarias y se adaptaron sin problemas a la rutina diaria del centro de datos. El programa de mentoría acercó al equipo, mejorando la colaboración y la comunicación durante los turnos. No se trató solo de transferir conocimiento: se construyó confianza entre los compañeros. Y los beneficios fueron más allá. Esta estructura hizo que toda la operación funcionara con mayor fluidez, reduciendo tiempos de inactividad y permitiendo respuestas más rápidas ante incidencias inesperadas. Todos ganaron en confianza y el equipo se volvió notablemente más eficiente. El claro éxito del programa demostró cuán valioso es integrar la mentoría y la OJT en una estrategia de capacitación más amplia y bien planificada, adaptada a las necesidades reales del equipo.

Para capitalizar ese éxito, el centro de datos incorporó un sistema de intercambio de conocimiento basado en SharePoint que respaldaba tanto la OJT como los esfuerzos de mentoría. Esta biblioteca en línea ponía al alcance de todos los recursos esenciales: manuales de equipos, procedimientos estándar, guías prácticas y materiales de referencia útiles. Los aprendices podían acceder a la información cuando la necesitaran, lo que les daba mayor autonomía en su aprendizaje. Esta capa adicional de apoyo cubría los huecos cuando los mentores no estaban disponibles y reforzaba lo visto en las sesiones de formación. Se convirtió en el lugar de referencia para encontrar respuestas, acelerando el aprendizaje y manteniendo a todos alineados.

Al combinar una capacitación estructurada en el puesto de trabajo (OJT), una mentoría personalizada y una base de conocimiento accesible y amigable, el centro de datos creó un sistema potente y flexible que permitía incorporar rápidamente a los nuevos empleados y hacerlos parte del ritmo diario de las operaciones. El equipo se sintió mucho mejor preparado, los flujos de trabajo transcurrieron con mayor suavidad y se estableció un ejemplo sólido de lo que un programa de capacitación inteligente y centrado en las personas puede lograr realmente.

El programa de mentoría funcionó tan bien en gran medida porque la empresa se tomó el tiempo necesario para hacer el proceso claro y estructurado. Definieron con precisión qué esperaban tanto de los mentores como de los aprendices: sus roles, responsabilidades y la forma en que se mediría el éxito. Las reuniones periódicas de seguimiento formaban parte del plan, ofreciendo a mentores y aprendices la oportunidad de compartir avances, discutir dificultades y establecer metas a corto plazo. Para que los mentores pudieran desempeñar bien su papel, la empresa también les proporcionó una formación adecuada y apoyo continuo. Esta capacitación incluía técnicas para mejorar la comunicación, manejar desacuerdos y ofrecer retroalimentación honesta y útil sin desmotivar. Ese paso adicional marcó una diferencia notable en la capacidad de los mentores para guiar eficazmente a sus compañeros.

El programa no se limitó a enseñar tareas relacionadas con el puesto. Los mentores también ayudaron a sus aprendices a desarrollar habilidades blandas: competencias como colaborar con otros, discutir problemas de forma constructiva y mantener la calma en situaciones de estrés. Estas habilidades son tan importantes en un centro de datos como saber manejar el equipamiento. Al fomentar la confianza en estas áreas, el programa formó trabajadores más completos, preparados para afrontar tanto los aspectos técnicos como los relacionales del trabajo. Con el tiempo, este enfoque rindió frutos en múltiples sentidos. Las personas se quedaron más tiempo en la empresa, los equipos colaboraron con mayor eficacia y todo fluyó con más armonía. Se elevó el ánimo en el lugar de trabajo y las tareas se completaban más rápido y con menos contratiempos.

Para garantizar que el programa siguiera funcionando como se pretendía, la empresa estableció un mecanismo para monitorear su efectividad. Recopilaban opiniones sinceras tanto de mentores como de aprendices, preguntando qué iba bien y qué necesitaba ajustes. También seguían indicadores clave de desempeño, como la rapidez con que los nuevos empleados adquirían competencias y su nivel de satisfacción laboral.

Esa retroalimentación permitió afinar el programa para que no se estancara ni quedara desfasado. Lo trataban como algo vivo: siempre creciendo, siempre adaptándose a las necesidades actuales del equipo y del entorno laboral. Esta revisión continua aseguró que el programa permaneciera útil, práctico y alineado con las demandas reales de los equipos. Un programa de mentoría bien gestionado como este no solo capacita a los nuevos empleados. Construye un grupo sólido y competente de personas que se sienten respaldadas y preparadas para enfrentar cualquier reto que surja. Esta inversión en las personas genera mejores resultados, operaciones más confiables y un éxito sostenido para toda la organización.

La documentación y la gestión del conocimiento

Capacitar al personal constituye una parte fundamental para preparar un centro de datos para su operación plena, pero establecer un sistema sólido de documentación y gestión del conocimiento resulta igual de esencial. Piensa en este sistema como el "cerebro" de la instalación: contiene todos los consejos prácticos, la experiencia acumulada y el saber operativo que el equipo va reuniendo con el tiempo. Sin él, el conocimiento valioso puede perderse fácilmente, sobre todo cuando los empleados se van o la carga de trabajo se vuelve abrumadora. Una base de conocimiento ordenada y bien mantenida mantiene a todo el equipo alineado. Reduce errores, ahorra tiempo cuando surgen problemas y permite que el equipo trabaje con mayor eficiencia, independientemente del nivel de experiencia de cada miembro.

Esto es lo que debe incluir esa documentación para marcar realmente la diferencia:

Documentación de sistemas: Para todos los sistemas principales —energía, enfriamiento, supresión de incendios, seguridad, controles del edificio y equipamiento de red— se deben conservar esquemas, diagramas de cableado, listas de componentes, datos de carga y lecturas de desempeño. Almacena esta información en un lugar de fácil acceso (por ejemplo, una carpeta digital compartida o una base de datos). La documentación debe incluir procedimientos para fallos del sistema, pasos de respaldo y tiempos estimados de recuperación. Mantén estos documentos actualizados y utiliza herramientas que registren el historial de versiones para garantizar que todos trabajen siempre con la información más reciente.

Procedimientos Operativos Estándar (SOP): Los SOP son guías paso a paso para tareas rutinarias, como revisiones de mantenimiento, respuestas a alarmas, reinicios de sistemas y manejo de interrupciones. Deben redactarse en un lenguaje sencillo y directo, fácil de seguir para cualquiera. Han de ser claros, concisos y de lectura fluida. Revísalos periódicamente para asegurarte de que reflejen la configuración actual, especialmente tras actualizaciones de equipo o cambios normativos. Utiliza estos SOP durante la capacitación del equipo para que el personal pueda practicar y ganar confianza antes de enfrentarse a una situación real.

Guías de resolución de problemas: Estas guías deben permitir a los técnicos identificar rápidamente la incidencia y determinar la reparación necesaria. Una buena guía emplea diagramas de flujo o listas de verificación paso a paso para ofrecer instrucciones claras y precisas. Te lleva de la mano a través de las causas probables, los síntomas a observar y las acciones a seguir. También debe incluir recomendaciones para prevenir que el mismo problema se repita. Incorpora ejemplos reales de incidencias pasadas para que las guías estén ancladas en lo que verdaderamente ocurre en el terreno. Cuanto más aporte el equipo sus lecciones aprendidas, más valiosas y útiles se vuelven estas guías con el paso del tiempo.

Una buena configuración de documentación, respaldada por capacitación regular, no solo mantiene las luces encendidas. Construye un equipo confiable, flexible y preparado que puede manejar la presión y mantener todo funcionando sin sobresaltos, pase lo que pase. Con un sistema como este en marcha, tu centro de datos se asienta sobre bases sólidas y duraderas.

Mejores prácticas: Documentar las mejores prácticas ayuda al equipo a trabajar de forma más inteligente y mantiene la operación fluida. Estos consejos compartidos y lecciones aprendidas recogen los métodos más efectivos, seguros y rentables para realizar cada tarea. Esta sección debe concentrar el conocimiento colectivo del equipo a lo largo del tiempo: atajos que ahorran esfuerzo, recomendaciones para evitar errores comunes y estrategias probadas para reducir riesgos o costos. Piensa en ella como un manual escrito por quienes realizan el trabajo día tras día. No solo mejora el desempeño del equipo actual, sino que también prepara el terreno para que los nuevos empleados y los proyectos futuros arranquen con ventaja.

Cuando alguien se va o cambia de rol, su experiencia no se pierde con él. Se convierte en parte de un recurso vivo que los demás pueden consultar y enriquecer.

Gestión de inventario: Mantener un inventario claro y actualizado de todo el equipamiento del centro de datos resulta fundamental. Esto incluye números de serie, ubicaciones actuales, fechas de último mantenimiento y cualquier reparación previa. Tener toda esa información concentrada en un solo lugar reduce el tiempo que se pierde buscando piezas o averiguando qué necesita atención. Además, evita sorpresas al conectar el sistema de inventario con el calendario de mantenimiento. Cuando ambos están enlazados, puedes anticiparte a los problemas en lugar de reaccionar en el último minuto. El sistema debe ser fácil de actualizar cada vez que se incorpora nuevo equipo o se realiza una mejora.

Herramientas de gestión del conocimiento: Las herramientas que elijas importan tanto como la información que guardas en ellas. Si el sistema es demasiado complicado o lento, nadie lo usará. Opta por algo sencillo, buscable y accesible para todo el equipo. No necesitas software sofisticado: herramientas como SharePoint, un buen CMMS o incluso una wiki interna bien organizada pueden funcionar de maravilla. Lo esencial es que el sistema se adapte a la forma en que tu equipo ya trabaja y se integre sin fricciones con las demás herramientas y sistemas de TI.

Hay varios aspectos clave que hacen que un sistema de gestión del conocimiento sea realmente útil:

Accesibilidad: Asegúrate de que cualquiera que necesite la información pueda obtenerla de inmediato, ya sea trabajando en el sitio o de forma remota, en horario normal o en plena madrugada. El acceso desde la nube o a través de una intranet segura de la empresa ayuda mucho en esto. Al mismo tiempo, restringe el contenido sensible solo a quienes estén autorizados. Usa controles de acceso inteligentes para mantener la seguridad sin sacrificar la practicidad.

Buscabilidad: Si las personas no encuentran lo que buscan con rapidez, abandonarán el intento y seguirán adelante sin él. Asegúrate de que el sistema incluya etiquetas inteligentes, indexación efectiva y nombres de archivos claros y concisos. Un sistema bien organizado y fácil de navegar reduce la frustración y aumenta la confianza del equipo.

Usabilidad: No compliques la interfaz ni las funciones. El mejor sistema es aquel que incluso la persona menos hábil con la tecnología puede usar sin estrés. Mantén la estructura limpia, las carpetas claramente etiquetadas y las instrucciones breves y directas. Cuando el sistema es sencillo, la gente lo utiliza con frecuencia, y eso es precisamente lo que le da valor.

Actualizaciones regulares: Tu base de conocimiento no es algo que montas una vez y olvidas. Requiere atención y cuidado constantes. A medida que cambian los procedimientos o se actualiza el equipamiento, la documentación debe seguir el mismo ritmo. Establece un proceso claro para que los miembros del equipo propongan actualizaciones y asigna a alguien responsable de revisarlas y publicarlas. Integra esas actualizaciones en las rutinas habituales, no las dejes para cuando "sobre tiempo". De esta forma, el sistema permanece fresco, útil y confiable para todos los que dependen de él.

Control de versiones: Mantén cada documento claro y actualizado mediante herramientas de control de versiones. Estas herramientas permiten al equipo rastrear cada cambio realizado, de modo que siempre se sepa quién modificó qué y en qué momento. Si alguien comete un error o algo no funciona como se esperaba, es posible retroceder fácilmente a una versión anterior. Nadie termina trabajando con archivos obsoletos ni adivinando cuál es la versión correcta. Todos permanecen alineados, lo que reduce al mínimo la confusión y mantiene alta la productividad. El control de versiones también ayuda a explicar por qué se hicieron ciertos cambios, haciendo que las decisiones sean más fáciles de comprender y seguir con el tiempo. Esa transparencia mantiene la documentación limpia y genera confianza en el equipo respecto a lo que utiliza.

Capacitación: No des por sentado que el equipo aprenderá por su cuenta a manejar el sistema. Dedica tiempo a capacitar a todos en cómo encontrar lo que necesitan, incorporar actualizaciones y utilizar el control de versiones de forma efectiva. Guíalos paso a paso en tareas sencillas como buscar y etiquetar archivos, cargar nuevos documentos y saber cuándo y cómo realizar ediciones. Esta formación no debe percibirse como una carga: mantenla práctica y directamente vinculada al trabajo real que realizan. Cuando el equipo domina las herramientas, las utiliza de verdad, y eso es precisamente lo que hace que tu sistema de conocimiento sea sólido y confiable.

Un sistema de gestión del conocimiento bien documentado y efectivo representa una de las inversiones más inteligentes que puede hacer un centro de datos. No solo reduce errores y respalda la capacitación, sino que también fomenta una cultura de aprendizaje continuo y mejora permanente. Una base de conocimiento bien mantenida garantiza consistencia, aumenta la eficiencia y prepara al equipo para enfrentar cualquier reto. Además, resulta invaluable durante inspecciones, auditorías o al reportar a clientes. Proporciona transparencia, genera confianza y mantiene las operaciones funcionando sin contratiempos, ahorrando tiempo y reduciendo costos a largo plazo

Las simulaciones y la capacitación basada en escenarios

Apoyándose en una base sólida de documentación y intercambio de conocimiento, el siguiente paso clave es la formación práctica, en particular a través de simulaciones y aprendizaje basado en escenarios. Leer manuales y procedimientos operativos estándar resulta útil, pero no prepara al personal para la presión y la imprevisibilidad de trabajar en un centro de datos en operación real. Las simulaciones cierran esa brecha al ofrecer un entorno seguro y controlado donde los equipos pueden practicar situaciones de la vida real, tomar decisiones rápidas y ganar confianza antes de enfrentarse a incidencias verdaderas. Este tipo de entrenamiento reduce errores durante emergencias y mejora la eficiencia de las operaciones cotidianas.

Las simulaciones y la capacitación basada en escenarios aportan varios beneficios importantes. En primer lugar, proporcionan una forma libre de riesgos para practicar el manejo de situaciones difíciles. Los equipos pueden probar diferentes estrategias, aprender de sus errores y perfeccionar sus habilidades con la orientación de instructores expertos en el campo. Esta práctica resulta especialmente valiosa en escenarios graves, como averías de equipos, fallos de alimentación o amenazas de seguridad. El costo de llevar a cabo estas sesiones de entrenamiento —incluso aquellas que simulan fallos masivos en los sistemas— resulta insignificante comparado con las posibles consecuencias de una emergencia real.

Otro beneficio mayor es el fortalecimiento del trabajo en equipo y la comunicación. Cuando algo falla en un centro de datos, rara vez es tarea de una sola persona. Gente de distintos departamentos debe colaborar con rapidez y eficacia. Las simulaciones les dan la oportunidad de ensayar cómo hacerlo. Pueden seguir los planes de comunicación establecidos, aprender a transferir tareas de forma fluida y comprender mejor quién se encarga de qué. Este tipo de formación genera confianza y permite a los equipos responder con agilidad y mantener la calma bajo presión. Por ejemplo, un simulacro de incendio podría involucrar al personal de operaciones, seguridad y supresión de incendios trabajando en conjunto. Realizarlo con antelación ayuda a que todos entiendan su rol cuando realmente cuenta.

Estos escenarios también agudizan las habilidades de resolución de problemas. Las incidencias reales no siguen un guion. Traen sorpresas y obligan a pensar con rapidez. Eso es precisamente para lo que preparan las simulaciones. Estos ejercicios entrenan a las personas para centrarse en los detalles más relevantes, priorizar tareas según su urgencia y mantenerse flexibles a medida que la situación evoluciona. Por ejemplo, si falla un sistema de enfriamiento, no se trata solo de reparar una unidad. Los equipos pueden necesitar identificar cómo afecta a los sistemas cercanos, determinar qué equipamiento requiere mayor protección y coordinarse con controles para mantener la estabilidad de los clientes.

Las simulaciones efectivas adoptan diversas formas. Van desde ejercicios sencillos en mesa, donde los equipos discuten situaciones hipotéticas y planifican respuestas, hasta simulaciones avanzadas basadas en computadora que replican el comportamiento de sistemas complejos. El tipo de simulación empleado depende de los objetivos de la capacitación, los recursos disponibles y la complejidad de los sistemas que se abordan.

Por ejemplo, un ejercicio básico en mesa podría simular un corte parcial de energía en una sección del centro de datos. El equipo discutiría cómo esa interrupción podría afectar a los distintos sistemas, revisaría los planes de contingencia y determinaría el mejor curso de acción para gestionar la situación y minimizar el tiempo de inactividad. Estos ejercicios no solo refuerzan los procedimientos actuales, sino que también ponen de manifiesto posibles debilidades o lagunas en los planes existentes, lo que lleva a mejoras necesarias.

Las simulaciones más avanzadas pueden emplear software especializado diseñado para replicar el comportamiento de sistemas críticos, como la distribución de energía, el enfriamiento o los sistemas eléctricos. Estas herramientas crean un entorno de entrenamiento realista que permite al personal practicar respuestas a fallos del sistema y probar diferentes estrategias sin poner en riesgo los equipos reales. Por ejemplo, una simulación podría modelar una falla en el sistema de enfriamiento, permitiendo a los participantes practicar procedimientos de emergencia, identificar posibles cuellos de botella y determinar la mejor forma de reiniciar el sistema por etapas.

El éxito de las simulaciones y la capacitación basada en escenarios depende de varios factores clave. En primer lugar, los escenarios deben sentirse realistas y estar directamente conectados con los riesgos y desafíos que enfrenta el personal del centro de datos en su día a día. Estos ejercicios deberían sacar a las personas de su zona de confort, obligándolas a pensar críticamente y a reaccionar bajo presión. Si los escenarios resultan demasiado fáciles o desconectados de los problemas reales, no prepararán adecuadamente al equipo para emergencias auténticas. La capacitación debe ajustarse a situaciones de la vida real, como cuando varios sistemas fallan al mismo tiempo. Los escenarios deberían adaptarse al nivel de experiencia de los participantes, incrementando gradualmente la complejidad a medida que ganan confianza.

En segundo lugar, un debriefing detallado y honesto después de cada sesión marca una diferencia sustancial. Los instructores deben ofrecer retroalimentación clara y constructiva, destacando lo que salió bien y explicando las áreas que necesitan mejora. Estos debriefings deberían sentirse como una conversación abierta, no como una conferencia. Todos deben tener oportunidad de hablar sobre lo que hicieron, lo que aprendieron y lo que harían distinto la próxima vez. Discutir de esta forma transforma la capacitación en mejoras reales. Los equipos suelen descubrir maneras más efectivas de manejar situaciones, y esas nuevas ideas pueden incorporarse a la práctica habitual.

En tercer lugar, el uso de la tecnología adecuada hace que estas simulaciones sean aún más valiosas. Herramientas como la realidad virtual (VR) permiten entrenar en un espacio que se siente casi real. La VR deja que el personal recorra emergencias sin riesgo alguno y repita la experiencia cuantas veces sea necesario para desarrollar memoria muscular.

El software de simulación también puede recrear con precisión cómo se comportan los sistemas reales bajo estrés. Esto permite al equipo recorrer todo tipo de problemas complejos sin intervenir en el equipamiento en vivo. Es una forma inteligente de probar cómo responde el equipo bajo presión y experimentar con distintas respuestas sin temor a agravar la situación.

Las actividades de capacitación también requieren actualizaciones regulares. La tecnología evoluciona constantemente y surgen nuevas amenazas con frecuencia. Un buen plan de entrenamiento debe crecer y adaptarse también. Mantener los escenarios al día asegura que el equipo permanezca preparado para lo que venga. Ignorar ese paso puede hacer que incluso el mejor entrenamiento pierda efectividad con el tiempo.

Los escenarios frescos que reflejan los desafíos actuales ayudan al equipo a mantenerse alerta y en forma.

En resumen, la capacitación práctica con escenarios que se sienten reales no es solo útil: es indispensable. Estas sesiones ofrecen a las personas la oportunidad de practicar, cometer errores y aprender sin la presión de una emergencia en vivo. Ese tipo de práctica genera confianza, fortalece el trabajo en equipo y permite que todos trabajen de forma más efectiva y coordinada. Cuando se combina con una documentación sólida y un intercambio fluido de conocimiento, este tipo de formación transforma un buen equipo en uno excepcional.

Todos salen ganando con este esfuerzo. El equipo de operaciones se siente más seguro y competente, los clientes perciben un servicio más confiable y la empresa consolida una reputación más sólida. Un equipo bien preparado reduce las interrupciones, maneja las sorpresas con mayor eficiencia y mantiene todo funcionando sin contratiempos. Estas experiencias simuladas protegen el negocio, elevan la calidad del servicio y respaldan un éxito sostenido a largo plazo.

La capacitación continua y el desarrollo de competencias

Más allá de las etapas iniciales de formación y simulaciones, mantener el rendimiento óptimo de un centro de datos depende de un compromiso sostenido con el desarrollo de habilidades y el aprendizaje en todo el equipo de operaciones. Esto va mucho más allá de cumplir requisitos normativos por obligación. Es una decisión inteligente que fortalece la confiabilidad a largo plazo y el funcionamiento fluido de la instalación. En un campo donde todo cambia rápidamente, aferrarse a competencias antiguas simplemente no funciona. La tecnología de centros de datos, las herramientas y las estrategias siguen evolucionando, por lo que las personas que las gestionan también deben crecer continuamente. Por eso un programa de capacitación continua sólido resulta tan valioso.

Existen varias áreas clave que este aprendizaje debe abarcar. En primer lugar, el equipo necesita mantenerse al día con los avances tecnológicos. El mundo de los centros de datos ve constantemente la llegada de nuevo hardware, software mejorado y herramientas que prometen formas más inteligentes de gestionar los sistemas. Los equipos deben comprender cómo trabajar con estos cambios.

Eso implica leer noticias del sector, asistir a ferias comerciales y eventos de aprendizaje, y participar en sesiones de capacitación dirigidas por proveedores cuando se introducen nuevos sistemas o herramientas. Estas oportunidades mantienen al equipo alerta y les enseñan a aplicar métodos nuevos que mejoran las operaciones diarias. Por ejemplo, cuando se instala un sistema avanzado de monitoreo de energía, el personal requiere formación sobre su funcionamiento, qué mide y cómo resolver incidencias cuando surgen. Lo mismo aplica a herramientas como sistemas de enfriamiento actualizados o equipamiento de red definido por software. Cada cambio trae consigo nuevas competencias por adquirir, y una capacitación adecuada ayuda a todos a seguir el ritmo y aprovechar al máximo la tecnología.

Pero el aprendizaje no debe limitarse a lo tecnológico. La forma en que las personas trabajan —los procedimientos y flujos de trabajo reales— también evoluciona con el tiempo. Los Procedimientos Operativos Estándar (SOP) deben revisarse periódicamente, y el equipo necesita aprender sobre las actualizaciones y cómo aplicarlas de forma efectiva. Esto puede implicar talleres grupales, cursos en línea breves o coaching práctico por parte de alguien ya familiarizado con los cambios. Esta formación es tan importante como la relacionada con la tecnología. Los equipos también deben cumplir con las normas de seguridad, los códigos de la industria y las regulaciones de seguridad. Los centros de datos están sujetos a reglas estrictas, y es responsabilidad de todos conocerlas.

Por eso resulta esencial realizar capacitaciones de repaso regulares. Simulacros de seguridad, actualizaciones de planes de respuesta ante emergencias y recorridos de procedimientos de seguridad física y digital deben formar parte del calendario. No son meras rutinas: ayudan a mantener a las personas seguras y reducen riesgos. Cuando las normas cambian, la capacitación también debe hacerlo.

Los materiales deben actualizarse con rapidez y el equipo debe saber de inmediato qué se espera de él. La ciberseguridad, por ejemplo, evoluciona constantemente. Los equipos requieren actualizaciones periódicas sobre los tipos de ataques más recientes, cómo identificar riesgos a tiempo y qué hacer en caso de una brecha. Una orientación clara y actualizada permite al personal manejar esas situaciones con confianza y proteger los sistemas y datos críticos.

La elección de métodos de capacitación debe ser variada para adaptarse a las diferentes formas de aprender, de modo que los programas reflejen distintos estilos y preferencias. Aunque la formación en aula sigue siendo efectiva, incorporar herramientas en línea, simulaciones prácticas y realidad virtual (VR) enriquece el aprendizaje al hacerlo más flexible y atractivo. Estas opciones ayudan al personal a mantenerse alerta y convierten el aprendizaje en parte de su rutina, no en algo puntual.

El aprendizaje en línea permite avanzar a ritmo propio e iniciar sesión cuando haya tiempo, lo que resulta ideal para quienes tienen horarios ajustados o trabajan por turnos. Las simulaciones ofrecen la oportunidad de practicar escenarios reales sin las consecuencias de una emergencia auténtica. Permiten tomar decisiones rápidas, ver qué funciona y aprender de los errores en un entorno seguro. La formación en VR proporciona una experiencia aún más inmersiva, permitiendo al personal recorrer distribuciones de equipamiento y procedimientos en un ambiente realista pero sin riesgos.

Cuando combinas estas herramientas en un programa único —aula, cursos en línea y simulaciones prácticas— generas un impacto mayor. Este enfoque mixto mantiene el contenido fresco y ayuda a las personas a asimilar realmente lo aprendido. Las pruebas regulares y los seguimientos también contribuyen, mostrando qué se ha comprendido y qué aún requiere trabajo.

Para que la capacitación realmente arraigue, la cultura laboral debe respaldarla. Los líderes necesitan demostrar que la formación se valora y que está vinculada de forma efectiva a promociones y desarrollo profesional. Cuando el personal ve que la capacitación impulsa su crecimiento, la toma más en serio. Eso implica que los supervisores comprendan las brechas de competencias y las necesidades de aprendizaje de cada miembro del equipo. Durante las revisiones periódicas de desempeño, los gerentes deberían conversar con el personal sobre qué formación podría necesitar, qué le gustaría aprender y cómo apoyarlo en su desarrollo. Los equipos también requieren tiempo y presupuesto para esto. La capacitación demanda tiempo, y las empresas deben garantizar que el personal pueda asistir sin quedarse rezagado en sus tareas habituales.

Los horarios flexibles y el uso inteligente de la tecnología ayudan a mantener todo en marcha mientras avanza la capacitación. Además, darles a las personas una razón real para participar marca una diferencia notable. Ofrecer recompensas, bonos adicionales o mejores oportunidades laborales a quienes completan cursos o certificaciones mantiene alta la motivación. Celebrar cuando alguien termina una formación o obtiene una credencial demuestra que el aprendizaje se valora de verdad. Ese tipo de reconocimiento eleva el ánimo y, cuando las personas se sienten orgullosas de su progreso, permanecen más comprometidas y forman equipos más sólidos y unidos.

Los programas de mentoría son otra forma excelente de compartir conocimiento y desarrollar competencias. Emparejar a personal experimentado con los recién llegados fortalece el trabajo en equipo y facilita la transmisión de las mejores prácticas. La gente aprende de manera más efectiva cuando alguien con experiencia los guía paso a paso. Animar a los miembros más veteranos a dirigir sesiones internas o talleres breves les da la oportunidad de compartir su saber mientras lo mantienen dentro de la empresa. Una base de conocimiento compartida o una wiki interna también resulta muy útil. Cuando los equipos construyen y utilizan estas herramientas juntos, crean un sistema donde el conocimiento no se va con quien se marcha.

Dar retroalimentación regular juega un papel clave. No se trata solo de revisar lo que alguien ha hecho: hay que hablar de lo que puede mejorar y cómo puede crecer. La retroalimentación debe incluir pasos claros a seguir, como inscribirse en un curso, sumarse a un nuevo proyecto o aprender de un mentor. Estas conversaciones ayudan a resolver pequeños problemas a tiempo y ofrecen dirección clara. Con el tiempo, moldean un equipo que siempre está aprendiendo, creciendo y mejorando el funcionamiento diario del centro de datos.

El éxito de la capacitación continua y el desarrollo de competencias depende de una planificación sólida, un presupuesto claro y un seguimiento regular de los resultados. Un buen plan de capacitación debe definir los objetivos de aprendizaje, describir cómo se impartirá, establecer qué significa el éxito y especificar cómo se utilizarán los recursos. Este plan no puede quedarse estático: requiere actualizaciones periódicas para mantenerse al día con los cambios en herramientas, estándares de la industria y regulaciones de seguridad.

Las cosas avanzan rápido y la capacitación debe seguirles el paso. Para comprobar que el programa funciona, los equipos deben medir el progreso con indicadores claros y cuantificables. Esto puede incluir el nivel de confianza del personal, la retención de conocimiento, la reducción de errores operativos o tiempos de respuesta más rápidos durante incidencias. Observar estos números permite a los gerentes ajustar el programa, aumentar su efectividad y maximizar el retorno de la inversión en tiempo y dinero.

En resumen, la capacitación continua y el desarrollo de competencias no son un añadido opcional: son esenciales para dirigir un centro de datos fuerte y confiable. Cuando los equipos cuentan con oportunidades constantes de aprendizaje, se mantienen alerta, se adaptan rápidamente a los cambios y toman mejores decisiones. Invertir en esta formación construye una fuerza laboral que conoce los sistemas a fondo y responde con calma bajo presión. Crea un entorno donde el aprendizaje nunca se detiene y las personas se enorgullecen de mejorar continuamente sus habilidades.

Un programa de capacitación sólido va más allá de mantener las operaciones en marcha: fortalece todo el negocio que sostiene el centro de datos. El compromiso con el crecimiento del equipo revela una promesa mayor: garantizar la disponibilidad, satisfacer las necesidades de los clientes y estar preparado para cualquier desafío que surja. Con el tiempo, los beneficios se acumulan.

Se producen menos interrupciones, un mejor rendimiento y un ánimo más alto en el equipo. El personal se siente respaldado, valorado y listo. Sobre todo, el centro de datos se vuelve más estable, seguro y confiable: algo en lo que clientes y socios pueden confiar plenamente. El retorno va mucho más allá de los números. Construye confianza, mantiene los servicios funcionando sin sobresaltos y protege la salud a largo plazo de toda la operación.

Elaboración de Procedimientos Operativos Estándar (SOPs)

La creación de Procedimientos Operativos Estándar (SOPs) claros y confiables resulta esencial para el funcionamiento eficiente de un centro de datos. Estos procedimientos constituyen la base de las actividades cotidianas, fomentan la consistencia, reducen los errores y garantizan una resolución de problemas efectiva. El desarrollo de SOPs exige un enfoque minucioso que implica la colaboración entre distintos equipos y una atención rigurosa a la precisión.

El primer paso consiste en identificar todas las tareas operativas, desde el mantenimiento rutinario hasta la gestión de emergencias. Esto requiere revisar los procedimientos ya existentes y analizar los sistemas y requerimientos particulares del centro de datos. Cada tarea debe descomponerse en instrucciones claras, paso a paso, con puntos de decisión precisos. Hay que evitar a toda costa el lenguaje ambiguo.

Redacte en términos sencillos y directos que el personal con distintos niveles de competencia pueda comprender sin dificultad. Minimice el uso de jerga técnica y defina los términos cuando sea necesario. La incorporación de elementos visuales —como diagramas, flujogramas y fotografías— contribuye enormemente a aclarar las tareas complejas, especialmente aquellas que involucran sistemas o equipos intrincados. Por ejemplo, un SOP para la verificación rutinaria del sistema eléctrico debería incluir pasos específicos, no indicaciones vagas como "verificar la distribución de energía". En su lugar, debería detallar:

• Diríjase a la Sala de Galerías X. • Localice el Edificio X, Sala de Datos X y las Unidades de Distribución de Energía (PDUs) X. • Utilice el medidor X ubicado en el punto Y para comprobar el voltaje y la corriente de la alimentación principal. • Compare las lecturas de las PDUs con los umbrales indicados en el Apéndice A. • Inspeccione todo el cableado en busca de conexiones flojas o daños. • Si detecta cualquier anomalía, siga el procedimiento de escalamiento descrito en la Sección 3.5. • Registre todas las lecturas y observaciones en el cuaderno de bitácora diario.

Incluir detalles como modelos de equipos, ubicaciones exactas y referencias a apéndices mejora la claridad y la trazabilidad. Un diagrama que muestre la disposición del sistema de distribución eléctrica puede reforzar aún más la comprensión del conjunto.

La elaboración de SOPs no es una tarea puntual. Las revisiones y actualizaciones periódicas son imprescindibles para adaptarse a los cambios tecnológicos, a la evolución de las prácticas y a las nuevas normativas. Establezca un calendario fijo de revisión de los SOPs —por ejemplo, anual o tras grandes actualizaciones de sistemas—. Las auditorías regulares permiten detectar áreas de mejora y garantizan que los procedimientos se mantengan precisos y prácticos. Este ciclo continuo de creación, revisión y perfeccionamiento asegura que las operaciones transcurran de manera fluida y eficiente.

Además de las tareas rutinarias, los SOPs deben contener protocolos detallados para respuestas de emergencia. Estos deben abarcar escenarios como cortes de energía, incendios, incidentes de seguridad o fallos de equipos. Los procedimientos de emergencia requieren una cadena de mando clara, roles definidos y canales de comunicación establecidos. Los protocolos han de estar al alcance de todo el personal, exhibidos de forma visible en el centro de datos y disponibles en formato digital en la red interna.

Los simulacros y ejercicios periódicos aseguran que el equipo conozca estos protocolos y sepa actuar con rapidez y eficacia. Tras cualquier incidente real o simulado, conviene revisar la respuesta para identificar qué funcionó, qué falló y qué puede mejorarse. Actualice los SOPs en consecuencia, incorporando las lecciones aprendidas, de modo que evolucionen junto con las necesidades cambiantes del centro de datos.

Los SOPs efectivos incluyen procedimientos detallados de mantenimiento preventivo. Estos establecen calendarios, métodos y personal responsable del cuidado de los equipos críticos del centro de datos. Por ejemplo, un SOP para el mantenimiento del sistema de enfriamiento podría contemplar la inspección de componentes del chiller, la limpieza de las bobinas del condensador, la verificación de los niveles de refrigerante y la realización de pruebas del sistema. El mantenimiento preventivo evita fallos imprevistos, reduce el tiempo de inactividad y prolonga la vida útil del equipamiento. La definición de un calendario de mantenimiento, respaldado por herramientas como software CMMS (Sistema Computarizado de Gestión de Mantenimiento), garantiza una ejecución uniforme y genera alertas para las tareas próximas. Este enfoque proactivo mantiene los sistemas en óptimas condiciones y previene interrupciones no planificadas.

La creación de SOPs demanda colaboración entre equipos. El equipo de operaciones aporta el conocimiento de los flujos de trabajo diarios y las mejores prácticas. El equipo de controles brinda experiencia en sistemas de automatización de edificios y monitoreo de energía eléctrica. El equipo de TI ofrece perspectivas sobre la infraestructura de red y el equipamiento informático, mientras que los equipos de ingeniería y mantenimiento comparten su especialización en sistemas mecánicos y eléctricos.

La implicación de todos los actores relevantes garantiza que los SOPs sean exhaustivos, precisos y adaptados a las necesidades específicas del centro de datos. Un repositorio centralizado, como un sitio de SharePoint o un sistema dedicado de gestión documental, resulta indispensable para facilitar el acceso y el control de versiones. Este sistema debe conservar un registro histórico de los cambios, con numeración clara de versiones y bitácoras que aseguren la trazabilidad y la rendición de cuentas.

La capacitación del personal en los nuevos SOPs es tan importante como su elaboración. La formación no debe limitarse a la lectura de los documentos. Ejercicios prácticos, simulacros y evaluaciones ayudan al equipo a comprender plenamente y aplicar los procedimientos. Las sesiones de repaso deben formar parte regular del calendario para reforzar las mejores prácticas y mantener la competencia del personal. Las capacitaciones también deben insistir en la importancia de reportar cualquier problema o anomalía detectada durante la ejecución de los procedimientos, lo que favorece la mejora continua de las operaciones.

El éxito de los SOPs depende de un monitoreo y evaluación constantes. Realice auditorías periódicas para verificar el cumplimiento y detectar áreas de mejora. Busque activamente retroalimentación del personal para evaluar cuán efectivos y amigables resultan los procedimientos en la práctica. Este ciclo de retroalimentación permite identificar ambigüedades o ineficiencias, lo que conduce a refinamientos continuos. Los datos obtenidos mediante auditorías y comentarios permiten seguir métricas clave, como el Tiempo Medio de Reparación (MTTR) y el Tiempo Medio Entre Fallos (MTBF). Estas métricas aportan información valiosa sobre la efectividad de los SOPs y orientan las mejoras futuras.

La mejora continua asegura que los SOPs se mantengan adaptables a las necesidades cambiantes de un centro de datos moderno. Unos procedimientos bien elaborados y actualizados regularmente reducen el tiempo de inactividad, incrementan la eficiencia y garantizan el desempeño confiable de la infraestructura crítica, convirtiéndolos en un elemento esencial de las operaciones del centro de datos.

Sistemas de Gestión de Documentación

La creación y el uso de Procedimientos Operativos Estándar (SOPs) constituyen solo una parte de la ecuación. El otro componente crítico es un sistema sólido de gestión de documentación. Este sistema actúa como el núcleo central de todo el conocimiento operativo, garantizando que la información esté siempre accesible, se mantenga actualizada de forma consistente y resulte fácilmente buscable. La elección del sistema adecuado depende de factores como el tamaño y la complejidad del centro de datos, el presupuesto disponible y la infraestructura informática ya existente. Un centro de datos más pequeño puede encontrar suficiente un disco compartido en red con una estructura de carpetas clara y bien organizada, mientras que un centro empresarial de mayor envergadura requerirá un Sistema de Gestión Documental (DMS) avanzado.

Varios criterios deben guiar su selección. La escalabilidad es uno de los más importantes. El sistema tiene que ser capaz de absorber el crecimiento en el volumen de documentos y en el número de usuarios a medida que el centro de datos se expande. Considere las necesidades futuras: ¿podrá el sistema gestionar de manera efectiva el aumento en almacenamiento y en demandas de los usuarios? La integración es otro factor clave. Un buen DMS debe conectarse sin fricciones con las herramientas que ya utiliza, como su CMMS, el sistema de tickets y el software de monitoreo de red. Esta integración genera flujos de trabajo más fluidos, elimina silos de datos y ofrece una visión unificada de las operaciones. La seguridad no admite concesiones. El DMS debe incorporar funciones de seguridad robustas para impedir accesos no autorizados. Entre ellas pueden figurar el cifrado, los controles de acceso y las revisiones periódicas de seguridad.

La documentación de un centro de datos suele contener detalles sensibles sobre la infraestructura, las configuraciones y los procedimientos, cuya exposición indebida podría tener graves consecuencias. Características como la autenticación multifactor, el control de acceso basado en roles y los registros de auditoría aseguran que los documentos críticos permanezcan protegidos y solo sean accesibles para el personal autorizado.

La facilidad de uso resulta tan importante como la seguridad. El sistema debe ser intuitivo, incluso para personas con poca experiencia técnica. Una interfaz complicada que exija mucha capacitación puede desincentivar su adopción y frustrar el propósito mismo de contar con un repositorio centralizado.

Busque un sistema con un diseño limpio y funcionalidades útiles: herramientas de búsqueda potentes, etiquetado con metadatos y control de versiones. La adopción por parte de los usuarios también depende de programas de capacitación efectivos que muestren al personal cómo aprovechar el sistema de manera eficiente.

El costo de implementación y mantenimiento de un DMS es una consideración decisiva. Evalúe el gasto inicial en licencias de software, necesidades de hardware, servicios de implementación y las cuotas de mantenimiento continuas. Compare proveedores y sistemas con detenimiento, teniendo en cuenta el costo total de propiedad. No se limite al precio inicial; incorpore los gastos recurrentes en mantenimiento, actualizaciones y soporte. Tomar una decisión informada que concilie el presupuesto con los objetivos a largo plazo resulta esencial.

Una vez elegido el DMS, su implementación implica varios pasos fundamentales. Comience con una planificación y un diseño minuciosos. Defina con claridad los objetivos y requisitos, trace el proceso y determine a los actores clave. Elabore un cronograma del proyecto y asigne los recursos necesarios. El siguiente paso es una migración de datos cuidadosa desde los sistemas existentes. Transfiera los documentos de los repositorios anteriores con precisión, garantizando su exactitud e integridad. Desarrolle y pruebe un plan de migración sólido para evitar pérdidas o corrupciones de datos durante la transición.

Tras la migración, la capacitación de los usuarios cobra una importancia crucial. Realice sesiones de formación exhaustivas para todos los usuarios, cubriendo la navegación, el manejo de documentos y los protocolos de seguridad. La capacitación práctica genera confianza en los usuarios y asegura que puedan utilizar el sistema de manera efectiva. Recuerde que el éxito del DMS depende en gran medida de su adopción por parte del personal, por lo que invertir en una formación adecuada resulta rentable a largo plazo. El soporte continuo es igualmente esencial. El mantenimiento regular del sistema, las actualizaciones y la asistencia técnica son necesarios para mantener el DMS funcionando sin contratiempos.

Un DMS sólido ofrece mucho más que mero almacenamiento de documentos: proporciona beneficios operativos significativos. El control de versiones garantiza que todos trabajen con los documentos más recientes y aprobados, evitando confusiones. El etiquetado con metadatos y las capacidades avanzadas de búsqueda permiten localizar rápidamente la información relevante, ahorrando tiempo y reduciendo errores provocados por datos obsoletos. La automatización de flujos de trabajo agiliza procesos como aprobaciones y distribución de documentos, incrementando la eficiencia y acortando los tiempos de procesamiento. La integración con otras herramientas, como sistemas de tickets o software de monitoreo, ofrece una visión integral de las operaciones, favoreciendo la colaboración y la toma de decisiones informadas.

Por ejemplo, un DMS basado en SharePoint es una opción muy popular en muchos centros de datos. La flexibilidad de SharePoint permite personalizarlo según necesidades específicas, como la creación de flujos de trabajo a medida o la integración con otras herramientas de Microsoft. Sin embargo, su configuración y mantenimiento suelen requerir conocimientos especializados, y los costos pueden aumentar considerablemente con un alto grado de personalización.

Por otro lado, las soluciones basadas en la nube ofrecen un amplio abanico de funcionalidades, desde el almacenamiento básico de archivos hasta capacidades avanzadas de DMS. Estas plataformas suelen incluir actualizaciones automáticas, menor carga para el departamento de TI y mayor accesibilidad. No obstante, depender de un proveedor externo implica riesgos potenciales, como el bloqueo al proveedor o interrupciones del servicio durante mantenimientos.

Las soluciones on-premises brindan mayor control y posibilidades de personalización, pero exigen recursos dedicados de TI para actualizaciones y mantenimiento. La elección entre opciones on-premises y en la nube depende de varios factores: presupuesto, nivel de expertise en TI, requisitos de seguridad y necesidades de integración. Un enfoque híbrido, que combine soluciones on-premises y en la nube, puede ofrecer un equilibrio entre eficiencia de costos y seguridad. Independientemente del sistema elegido, los procedimientos rigurosos de control de cambios son imprescindibles. Estos aseguran que todas las modificaciones en los documentos se registren, revisen y aprueben antes de implementarse. Mantener un registro detallado de cambios —con historial de revisiones, fechas y aprobadores— aporta responsabilidad y transparencia.

La implementación de un sistema detallado de gestión de documentación es un proceso continuo, no una tarea única. Las auditorías periódicas son esenciales para verificar que el sistema cumpla con las necesidades de la organización y que la información permanezca precisa, actualizada y accesible. Las auditorías también permiten identificar oportunidades de mejora, como optimizar flujos de trabajo, reforzar medidas de seguridad y perfeccionar los programas de capacitación de usuarios.

La mejora continua debe ser el eje central. Recoja retroalimentación de los usuarios de forma regular e incorpórela en las refinaciones del sistema. Esto mantiene el sistema alineado con las necesidades operativas y garantiza su efectividad sostenida. El objetivo final es crear un sistema que no solo almacene documentos, sino que apoye activamente operaciones eficientes y confiables en el centro de datos. Un DMS sólido minimiza el tiempo de inactividad, mitiga riesgos y eleva la productividad general.

Un sistema de gestión de documentación bien implementado trasciende la mera función de repositorio. Se convierte en una herramienta estratégica que incide directamente en la eficiencia y la seguridad del centro de datos. Las revisiones periódicas, la capacitación continua de usuarios y el compromiso con la mejora permanente aseguran que el sistema siga siendo valioso y efectivo.

Procedimientos de Gestión de Cambios

El funcionamiento eficiente de un centro de datos depende de mucho más que de sistemas bien organizados. Sin procedimientos exhaustivos de gestión de cambios, incluso modificaciones menores en hardware, software o procesos pueden interrumpir los servicios. Esta sección describe cómo gestionar los cambios de manera efectiva, centrándose en su documentación, aprobación e implementación, al tiempo que se minimizan los riesgos. El objetivo principal consiste en mitigar problemas potenciales mediante la anticipación de riesgos, el registro detallado de cada paso y la aplicación de controles que reduzcan la probabilidad de resultados negativos. El cumplimiento, ya sea interno o con normativas del sector y acuerdos con clientes, debe mantenerse siempre como prioridad.

Un proceso sólido de gestión de cambios comienza con un procedimiento claro y estandarizado de solicitud. Este procedimiento debe definir las etapas para iniciar, revisar, aprobar, implementar y cerrar un cambio. Un elemento esencial es un formulario estandarizado —ya sea digital o físico— que incluya información clave, como:

• Una descripción clara del cambio propuesto. • La justificación empresarial del cambio. • El impacto potencial sobre otros sistemas u operaciones. • El cronograma propuesto para la implementación. • Las personas responsables de la implementación y las pruebas. • Una evaluación detallada de riesgos.

La evaluación de riesgos desempeña un papel crítico en el proceso. Debe analizar con cuidado las posibles consecuencias del cambio. ¿Cuáles son los riesgos? ¿Qué probabilidad tienen de materializarse? ¿Qué impacto podrían causar? ¿Qué medidas pueden mitigarlos o eliminarlos? Esta evaluación debe abarcar posibles tiempos de inactividad, repercusiones financieras, preocupaciones de seguridad y cualquier otro aspecto relevante. Una matriz formal de riesgos puede asignar valores numéricos tanto a la probabilidad como al impacto de cada riesgo, lo que facilita su priorización y la asignación de recursos donde más se necesitan.

Una vez completada la solicitud de cambio, esta debe someterse a un proceso estructurado de aprobación. La revisión suele implicar varios niveles de supervisión, según la complejidad y el impacto potencial del cambio. Las modificaciones menores pueden requerir únicamente la aprobación de un supervisor de turno o un líder de equipo. Sin embargo, los cambios significativos que afectan la infraestructura crítica o múltiples sistemas exigen una aprobación formal por parte de un grupo de interesados. Este grupo podría incluir personal de TI, controles, operaciones y alta dirección. Definir con claridad los roles y responsabilidades en el proceso de aprobación garantiza la rendición de cuentas y evita demoras.

El proceso de aprobación debe estar bien documentado y accesible para todo el personal involucrado, a fin de prevenir confusiones. En el caso de cambios importantes, se deben levantar actas formales de las reuniones que registren las aprobaciones concedidas, generando así un rastro de auditoría que aporte responsabilidad y transparencia.

Una vez aprobado el cambio, es necesario elaborar un plan detallado de implementación. Este plan debe especificar cada paso, incluyendo cronogramas, asignación de recursos y medidas de contingencia. Probar el cambio antes de su despliegue resulta crucial para verificar que funcione correctamente y no interfiera con otros sistemas. El plan de implementación debe incluir también un procedimiento de reversión —un método claro y detallado para volver al estado anterior en caso de fallo o problemas—. Este plan de reversión debe ser tan exhaustivo como el propio plan de implementación. Ejecutar la reversión de forma inmediata es clave para minimizar interrupciones, lo que requiere simulacros y ejercicios regulares para capacitar al personal en situaciones de alta presión.

La revisión posterior a la implementación es igualmente importante y a menudo se pasa por alto. Tras aplicar el cambio, se debe realizar una evaluación exhaustiva de sus resultados. ¿Se lograron los objetivos previstos? ¿Surgieron problemas imprevistos? ¿Qué lecciones se pueden extraer del proceso? Esta retroalimentación debe documentarse y utilizarse para perfeccionar el proceso de gestión de cambios, generando un ciclo de mejora continua. Este enfoque iterativo no solo fortalece el sistema, sino que también proporciona datos valiosos para futuras evaluaciones de riesgos, permitiendo predicciones más precisas y estrategias más proactivas.

El proceso de gestión de cambios debe integrarse sin fisuras con el sistema de gestión general del centro de datos. Esto asegura coherencia, reduce silos de información y agiliza los flujos de trabajo. Herramientas como los CMMS (Sistemas Computarizados de Gestión de Mantenimiento) o plataformas similares pueden rastrear los cambios, gestionar aprobaciones y automatizar partes del proceso. Las notificaciones automáticas, por ejemplo, pueden informar a los interesados sobre solicitudes de cambio, aprobaciones y estados de implementación, minimizando demoras y mejorando la comunicación. Deben generarse informes periódicos que resuman las actividades de gestión de cambios para su revisión por parte de la dirección, lo que ayuda a identificar tendencias, posibles problemas y áreas de mejora.

La integración con el sistema de gestión de documentación constituye otro aspecto esencial. Todo cambio debe documentarse exhaustivamente y quedar fácilmente accesible para el personal autorizado. La documentación debe abarcar la solicitud de cambio, el proceso de aprobación, el plan de implementación, los resultados de las pruebas y la revisión posterior. Mantener esta información en el DMS garantiza un rastro de auditoría completo, facilita el cumplimiento normativo y apoya la resolución de problemas. El control de versiones resulta crítico para asegurar que todos trabajen con la información más reciente y precisa, reduciendo así errores derivados de documentos obsoletos.

Considere un ejemplo hipotético: un centro de datos actualiza sus switches de red. El proceso comienza con una solicitud de cambio detallada que expone la necesidad de la actualización, los switches a reemplazar, el proveedor y el cronograma. Una evaluación de riesgos identifica posibles tiempos de inactividad, interrupciones en la red y problemas de compatibilidad. Tras la aprobación de los interesados, se desarrolla un plan de implementación paso a paso que incluye una fase de pruebas y un procedimiento de reversión. Una vez completada la actualización, una revisión posterior evalúa el tiempo de inactividad, el impacto general y las lecciones aprendidas. Todo el proceso se documenta meticulosamente en el DMS para referencia futura y auditoría.

Las auditorías regulares del proceso de gestión de cambios permiten identificar áreas de mejora y garantizar el cumplimiento de políticas y normativas. Al integrar la gestión de cambios en el núcleo de las operaciones del centro de datos, las organizaciones pueden reducir interrupciones no planificadas, prevenir brechas de seguridad y mantener el cumplimiento. El objetivo no es solo gestionar el cambio, sino moldearlo de forma proactiva, alineándolo con los objetivos organizacionales y promoviendo la excelencia operativa.

Programas de Mantenimiento y Medidas Preventivas

El mantenimiento proactivo resulta esencial para garantizar el funcionamiento fluido y continuo de un centro de datos. A diferencia del mantenimiento reactivo, que se centra en reparar averías una vez que han ocurrido, el mantenimiento preventivo busca anticiparse a los problemas antes de que se manifiesten. Esta estrategia reduce el tiempo de inactividad, mejora la eficiencia y prolonga la vida útil del equipamiento.

Un programa de mantenimiento preventivo exitoso no se reduce a una simple lista de verificación; es un plan estratégico que exige una programación cuidadosa, una ejecución precisa y una mejora continua. En su esencia, implica elaborar calendarios de mantenimiento exhaustivos, seguir las directrices de los fabricantes e implementar medidas preventivas adaptadas a las necesidades específicas de la instalación.

Un programa de mantenimiento efectivo comienza con un calendario detallado que especifica las tareas requeridas y su frecuencia para cada componente del equipamiento. Este calendario debe reflejar las particularidades del centro de datos, considerando factores como la antigüedad del equipo, los patrones de uso y las condiciones ambientales. Por ejemplo, los equipos más antiguos suelen necesitar revisiones más frecuentes que los sistemas nuevos, y aquellos ubicados en zonas de alto uso pueden requerir inspecciones y limpiezas más regulares. Factores ambientales como la humedad y la temperatura también influyen en la periodicidad del mantenimiento.

Así, por ejemplo, una humedad elevada podría exigir la limpieza más frecuente de las bobinas de enfriamiento para evitar la acumulación de condensación y la corrosión. El desarrollo de un calendario tan minucioso suele apoyarse en un Sistema Computarizado de Gestión de Mantenimiento (CMMS). Estos sistemas simplifican la administración de las actividades de mantenimiento, ofreciendo una visión centralizada del estado del equipamiento, las tareas programadas y los problemas pendientes. Un CMMS bien diseñado reduce el esfuerzo manual, incrementa la precisión y agiliza la generación de informes y análisis. Al identificar tendencias y áreas de mejora, el sistema contribuye a perfeccionar continuamente el programa de mantenimiento. Funcionalidades como alertas automáticas y recordatorios notifican al personal de mantenimiento sobre las tareas próximas, asegurando su cumplimiento oportuno y ayudando a prevenir fallos en el equipamiento.

Las recomendaciones del fabricante constituyen otro pilar fundamental de un calendario de mantenimiento exitoso. Cada pieza de equipo viene acompañada de instrucciones específicas de mantenimiento detalladas en la documentación del fabricante. Cumplir estas directrices garantiza que el equipo opere dentro de los parámetros para los que fue diseñado y conserva su garantía. Ignorar estas recomendaciones puede derivar en fallos prematuros, reparaciones costosas y tiempos de inactividad innecesarios.

Los equipos de mantenimiento deben tener acceso sencillo a un repositorio centralizado que contenga toda la documentación de los fabricantes. Esto asegura que dispongan de la información correcta para realizar las tareas de forma segura y precisa. Actualizar regularmente este repositorio con las últimas revisiones o actualizaciones proporcionadas por los fabricantes resulta indispensable para mantener el calendario de mantenimiento preciso y efectivo.

Más allá de las tareas de mantenimiento programadas, existen medidas preventivas adicionales que desempeñan un papel clave en la prolongación de la fiabilidad y la vida útil de la infraestructura del centro de datos. Estas medidas abordan riesgos específicos y corrigen problemas potenciales antes de que se agraven. Por ejemplo, la limpieza regular de los filtros de aire en las unidades de enfriamiento es fundamental para mantener un flujo de aire adecuado y evitar el sobrecalentamiento. Descuidar estos filtros puede reducir drásticamente la eficiencia del enfriamiento, provocando sobrecalentamiento y fallos en el equipamiento. De igual modo, la inspección periódica de las rutas de cableado y las conexiones permite detectar riesgos como conexiones flojas o cables dañados, previniendo interrupciones antes de que ocurran.

Los esfuerzos preventivos también abarcan la infraestructura eléctrica. La prueba regular de los sistemas de alimentación ininterrumpida (UPS), incluyendo ensayos de carga de baterías, asegura que estos sistemas críticos funcionen correctamente y proporcionen respaldo durante cortes de energía. Omitir estas pruebas puede llevar a fallos del sistema en el momento de una interrupción eléctrica, con graves consecuencias en tiempo de inactividad y posible pérdida de datos. Las inspecciones de las unidades de distribución de energía (PDUs) revisten igual importancia, centrándose en conexiones flojas, circuitos sobrecargados o signos de sobrecalentamiento. Cualquier desequilibrio o desviación detectada en la alimentación debe corregirse de inmediato para evitar fallos catastróficos.

El monitoreo ambiental constituye otro aspecto crítico del mantenimiento preventivo. Este implica la supervisión continua de factores ambientales clave, como la temperatura, la humedad y el flujo de aire, en el interior del centro de datos. Cualquier desviación de las condiciones ideales puede indicar problemas subyacentes que podrían derivar en fallos del equipamiento o en una disminución de la eficiencia. Los sistemas de monitoreo automatizados, combinados con alertas y notificaciones, ofrecen advertencias tempranas que permiten a los equipos actuar de forma proactiva antes de que los problemas se agraven.

Estos sistemas también ayudan a identificar patrones y tendencias, lo que respalda decisiones más acertadas sobre los calendarios de mantenimiento y las medidas preventivas. Los datos provenientes del monitoreo ambiental deben analizarse con detenimiento para detectar debilidades y orientar mejoras en los sistemas de control ambiental del centro de datos.

Un programa de mantenimiento preventivo no es una configuración única; requiere evaluación y refinamiento constantes. Las revisiones periódicas del calendario de mantenimiento, junto con la retroalimentación del personal, resultan vitales para optimizar el programa. Indicadores clave de desempeño (KPIs) e indicadores críticos de desempeño (CPIs), como el tiempo medio entre fallos (MTBF), el tiempo medio de reparación (MTTR) y el tiempo de actividad general, aportan información valiosa sobre el éxito del programa. El análisis de estas métricas a lo largo del tiempo revela tendencias y pone de manifiesto áreas que necesitan mayor atención, contribuyendo a reducir de forma continua el riesgo de fallos y tiempos de inactividad.

La capacitación del personal de mantenimiento representa otro pilar fundamental de un programa preventivo sólido. La formación debe abarcar cada parte del calendario de mantenimiento, incluyendo el manejo de herramientas, los protocolos de seguridad y las técnicas de resolución de problemas. A medida que evolucionan la tecnología, las mejores prácticas y las recomendaciones de los fabricantes, el programa de capacitación debe adaptarse para mantener al personal preparado. Un equipo bien formado comete menos errores, lo que disminuye el riesgo de daños o interrupciones causados por equivocaciones.

La documentación meticulosa constituye el último elemento clave de un programa exitoso. Toda tarea de mantenimiento debe registrarse con exhaustividad, anotando la fecha, la hora, el tipo de mantenimiento realizado, el personal involucrado y cualquier observación relevante. Esto genera un valioso rastro de auditoría para el cumplimiento normativo y facilita la resolución de problemas futuros. Los registros detallados también proporcionan datos útiles para la planificación y el perfeccionamiento del programa de mantenimiento. Un CMMS simplifica este proceso mediante herramientas integradas de informes, permitiendo a los equipos rastrear y analizar los datos de manera efectiva.

Una documentación minuciosa incrementa la responsabilidad, favorece una resolución de problemas eficiente y apoya la planificación futura. Un programa de mantenimiento preventivo bien documentado genera confianza entre los interesados y fortalece la resiliencia general de las operaciones del centro de datos, asegurando un desempeño confiable y eficiente.

Gestión de Incidentes y Planes de Respuesta

La gestión efectiva de incidentes no se reduce a reaccionar ante los problemas: es una estrategia proactiva que asegura el funcionamiento fluido de un centro de datos incluso ante desafíos imprevistos. Un plan sólido de gestión y respuesta a incidentes anticipa posibles interrupciones, establece canales de comunicación claros y detalla procedimientos para minimizar el tiempo de inactividad y los riesgos. Este plan funciona como un marco que orienta al equipo durante eventos inesperados, permitiendo respuestas rápidas y resoluciones eficientes. Sin un plan definido, las crisis pueden derivar en caos, con importantes pérdidas operativas y financieras.

La base de un plan de gestión de incidentes exitoso es un sistema exhaustivo de reporte de incidentes. Este sistema debe facilitar la notificación de cualquier incidente, independientemente de su gravedad. Es necesario asignar personal o equipos específicos para recibir y gestionar los reportes, garantizando que ningún problema pase desapercibido o quede sin documentar. El proceso de reporte debe ser sencillo e intuitivo, permitiendo una comunicación rápida y precisa incluso en situaciones de alta presión.

Un formulario estandarizado —ya sea digital o físico— puede contribuir enormemente a este proceso. Debe registrar detalles esenciales como el tipo de incidente, el momento en que ocurrió, los sistemas o equipos afectados y el impacto en las operaciones. El sistema también debe permitir adjuntar documentación de apoyo, como fotografías o videos. Estos materiales suelen resultar indispensables para comprender el problema y determinar la mejor solución.

Una vez reportado el incidente, el proceso de escalamiento cobra vital importancia. Este procedimiento establece una cadena de mando para escalar los incidentes según su gravedad e impacto. Definir con claridad los niveles de escalamiento y proporcionar la información de contacto correspondiente en cada etapa asegura que las personas adecuadas sean notificadas de inmediato y que las decisiones se tomen con rapidez.

Los procedimientos de escalamiento también deben incluir plazos definidos para evitar demoras en la atención del problema. Por ejemplo, un inconveniente menor como una luz parpadeante podría involucrar únicamente al equipo de instalaciones, mientras que un corte de energía mayor exigiría la notificación inmediata de la alta dirección, los inquilinos y, posiblemente, equipos de soporte externos.

Los simulacros y ejercicios periódicos son esenciales para probar el proceso de escalamiento y confirmar que todos comprenden sus roles. Estas prácticas permiten identificar puntos débiles en el plan y preparar al equipo para escenarios reales. Un proceso de escalamiento bien ensayado garantiza una comunicación eficiente y una acción inmediata durante las emergencias.

El núcleo de todo plan de respuesta a incidentes radica en su capacidad para organizar al equipo de forma eficiente y dirigir las acciones de manera clara y estructurada. Los procedimientos para resolver incidentes deben adaptarse a los tipos de problemas más probables en un centro de datos. Esto incluye pasos para abordar cortes de energía, fallos de red, incidentes de seguridad, averías de equipos y desafíos ambientales como temperaturas elevadas o humedad excesiva. Cada conjunto de instrucciones debe indicar qué hacer, quién es responsable de cada paso y qué herramientas o apoyos se requieren.

El lenguaje empleado debe ser sencillo y claro para evitar confusiones o retrasos. Las listas de verificación y los diagramas deben acompañar las instrucciones para garantizar que nada se pase por alto. Estos procedimientos requieren revisiones y actualizaciones periódicas que reflejen cualquier cambio en los sistemas, herramientas o métodos de trabajo.

Una vez resuelto el problema, resulta igual de importante realizar una retrospectiva para determinar qué falló. Debe seguirse una revisión completa que analice la causa del incidente, los factores que lo facilitaron y la efectividad de la respuesta. Esto implica recopilar informes, registros del sistema y notas del personal. El objetivo es identificar debilidades en los sistemas o procesos y explorar formas de prevenir incidencias similares. Documentar la revisión y registrar las propuestas de mejora resulta fundamental. Esta retroalimentación fortalece el plan general de gestión de incidentes, haciéndolo más robusto con el tiempo. Estas revisiones no solo miran al pasado: ayudan a mitigar riesgos futuros.

El uso de las herramientas adecuadas en el plan de respuesta a incidentes resulta crucial. Una herramienta especialmente valiosa es un sistema centralizado de gestión de incidentes (IMS). Este tipo de sistema facilita el seguimiento y la resolución de problemas mediante el envío de alertas, el monitoreo del avance y la generación de informes. Puede integrarse con otras herramientas, como software de monitoreo y sistemas de mantenimiento, para ofrecer una visión integral del funcionamiento del centro de datos. Al seleccionar un IMS, es fundamental considerar su grado de integración con el centro, su facilidad de uso, la compatibilidad con otros sistemas y la seguridad de los datos. El sistema debe ser capaz de manejar múltiples incidencias de forma simultánea, proteger la información sensible y permitir el acceso únicamente a personal autorizado.

La comunicación clara es esencial en todas las etapas de la gestión de problemas. El plan debe detallar cómo y cuándo se comparten las actualizaciones, de modo que todas las partes involucradas permanezcan informadas. Esto implica proporcionar informes periódicos a inquilinos, proveedores y directivos. La comunicación puede realizarse mediante correo electrónico, teléfono, mensajes de texto o plataformas especializadas. Compartir actualizaciones de forma clara y oportuna reduce el estrés, genera confianza y contribuye a minimizar complicaciones. Es recomendable realizar simulacros y prácticas de respuesta para verificar que el plan de comunicación funcione eficazmente bajo presión y que todos conozcan sus responsabilidades.

La elaboración y ejecución de un plan sólido de gestión de incidentes requiere colaboración entre todos los equipos del centro de datos: TI, instalaciones, seguridad e inquilinos. La capacitación continua y los ejercicios prácticos ayudan a que cada persona comprenda su rol y sepa cómo abordar los problemas de manera efectiva. El plan debe someterse a revisiones periódicas y actualizarse incorporando nuevas herramientas, sistemas y mejores prácticas. Todas las personas que puedan necesitarlo deben tener acceso fácil al plan, el cual debe integrarse plenamente en los procesos generales de gestión del centro de datos.

Por último, la flexibilidad del plan determina su verdadera efectividad. Lo que resuelve problemas hoy puede resultar insuficiente mañana, a medida que el centro evoluciona. Las revisiones, los análisis posteriores a los incidentes y la retroalimentación del equipo son indispensables para identificar áreas de mejora. El plan no debe permanecer estático durante demasiado tiempo: requiere actualizaciones regulares para mantenerse vigente. Un plan que no evoluciona puede convertirse en un obstáculo, mientras que uno en constante perfeccionamiento representa una gran fortaleza.

La preparación y la capacidad de adaptación permiten que el centro de datos mantenga su operatividad, reduciendo incidencias y asegurando un funcionamiento fluido. En definitiva, una respuesta sólida y consistente eleva la fiabilidad y el valor general del centro de datos.

Comprensión de la Infraestructura Crítica de Energía

Comprender la configuración crítica de energía en un centro de datos resulta fundamental para mantener los sistemas en funcionamiento y evitar tiempos de inactividad. Este conjunto constituye el pilar que sostiene todas las operaciones, garantizando que la alimentación permanezca estable para el equipamiento sensible. Si una sola parte de esta infraestructura falla, puede desencadenar una reacción en cadena de problemas que derive en interrupciones graves y pérdidas económicas considerables. Por ello, es esencial que los responsables de los centros de datos conozcan el funcionamiento de cada componente y se anticipen con una planificación inteligente y revisiones periódicas.

Un elemento central de este sistema es la Fuente de Alimentación Ininterrumpida (UPS). Estas unidades entran en acción cuando se produce un corte en la alimentación principal, manteniendo los sistemas operativos el tiempo suficiente para realizar un apagado seguro o transferir la carga a un generador de respaldo. Existen tres tipos principales de UPS: online, offline (también denominado standby) y line-interactive.

Las UPS online convierten la energía de forma constante, lo que asegura una alimentación limpia y estable y proporciona respaldo instantáneo cuando es necesario. Las de tipo offline solo se activan ante un fallo de energía, lo que las hace más económicas pero con tiempos de conmutación más lentos. Las line-interactive se sitúan en un punto intermedio, ofreciendo una conmutación más rápida y ciertas capacidades de acondicionamiento de la energía. La elección del tipo adecuado depende del nivel de criticidad del equipamiento, del presupuesto disponible y del tiempo de respaldo requerido. En los centros de datos de mayor envergadura suele combinarse distintos tipos de UPS para equilibrar costos y rendimiento óptimo.

Seleccionar la UPS correcta implica considerar varios aspectos clave. En primer lugar, debe soportar la carga total de potencia de todos los sistemas esenciales y el equipamiento informático. Esto requiere calcular la demanda máxima prevista, añadiendo un margen adicional para el crecimiento futuro o picos inesperados. A continuación, el tiempo de autonomía resulta decisivo: es el período durante el cual la UPS puede mantener la alimentación en caso de fallo de la red principal. El tiempo adecuado depende del intervalo necesario para transferir la carga al respaldo o ejecutar un apagado ordenado.

Por último, la eficiencia también cobra importancia. Una UPS más eficiente consume menos energía, lo que reduce los costos operativos y contribuye al control del gasto. Sin embargo, incluso la mejor UPS resulta inútil si no funciona cuando más se necesita. Por eso es imprescindible realizar pruebas periódicas de baterías, seguir un calendario de mantenimiento riguroso y efectuar pruebas de carga regulares. Estas medidas aseguran que el sistema responda con fiabilidad en situaciones reales y no falle en el momento crítico.

Los generadores desempeñan un papel vital para mantener la alimentación cuando los cortes de la red eléctrica se prolongan más allá de lo previsto. Mientras que las UPS destacan en respaldos de corta duración, los generadores toman el relevo para periodos extendidos. La mayoría funcionan con diésel o gas natural y están diseñados para sostener todas las operaciones hasta que se restablezca la alimentación principal. Para lograrlo, deben dimensionarse con suficiente capacidad y potencia para alimentar todos los componentes del centro de datos: servidores, sistemas de enfriamiento, iluminación y cualquier otro elemento crítico. La elección del tamaño adecuado implica revisar registros históricos de cortes, proyectar el crecimiento futuro y añadir un margen de seguridad para imprevistos.

Un plan sólido de combustible resulta tan importante como el propio equipamiento. El mejor generador no sirve de nada si se queda sin combustible. Por ello, es necesario contar con un plan de combustible que incluya entregas programadas, monitoreo constante de las reservas y normas estrictas de manejo seguro. Los tanques de almacenamiento deben inspeccionarse regularmente, y los cronogramas de entrega han de alinearse con el tiempo de autonomía estimado del generador durante un corte. El equipamiento de seguridad, la capacitación del personal y procedimientos claros para el manejo del combustible ayudan a minimizar riesgos.

Para mantener los generadores siempre listos, el mantenimiento periódico resulta indispensable. Esto abarca la revisión del motor, la inspección de las líneas de combustible y la realización de pruebas de carga que verifiquen la capacidad del sistema para asumir la demanda total cuando sea requerido. Estas revisiones deben seguir un calendario estricto y registrarse detalladamente para detectar problemas antes de que se conviertan en averías graves. Omitir estas tareas puede provocar fallos catastróficos en el peor momento posible. Un generador que no arranca cuando se necesita no es solo una molestia: puede paralizar por completo la operación.

Las Unidades de Distribución de Energía (PDUs) entregan la electricidad proveniente de las UPS o generadores directamente a los racks y dispositivos que la requieren. Existen varios tipos entre los que elegir. Las PDUs básicas simplemente transmiten la energía, mientras que las inteligentes y las monitorizadas ofrecen un control mucho mayor. Las PDUs inteligentes permiten supervisar de forma remota el consumo eléctrico y los datos ambientales. Las PDUs monitorizadas generan informes detallados que ayudan a los equipos a gestionar la energía de manera más efectiva y a planificar el crecimiento futuro. En centros de datos de mayor escala, estas PDUs avanzadas constituyen la opción más acertada, ya que proporcionan la visibilidad necesaria para reducir desperdicios y optimizar el uso de la potencia disponible.

Para detectar problemas a tiempo, los sistemas de energía requieren un monitoreo robusto. Esto incluye sensores que registren voltaje, corriente, temperatura y humedad, junto con un software que integre toda la información en una plataforma única. Cuando se configura adecuadamente, el sistema genera alertas, permite identificar tendencias y capacita a los equipos para resolver incidencias antes de que provoquen tiempos de inactividad.

El mantenimiento preventivo desempeña un papel decisivo en la fiabilidad del sistema eléctrico de un centro de datos. Un plan de mantenimiento sólido abarca revisiones programadas, pruebas y cuidados periódicos de todos los componentes críticos de energía. Estas tareas incluyen comprobaciones de baterías en las unidades UPS, pruebas de carga en los generadores e inspecciones regulares de las PDUs y otros equipos encargados de distribuir la energía por toda la instalación. La frecuencia de cada intervención depende de la criticidad del equipamiento y de las recomendaciones del fabricante. Registrar con detalle cada tarea de mantenimiento y los resultados de las pruebas resulta tan importante como realizarlas. Estos registros permiten detectar patrones, tomar decisiones más acertadas y obtener una visión clara del estado de salud de los sistemas eléctricos.

Las revisiones rutinarias constituyen solo una parte del plan. La planificación de capacidad reviste igual importancia. Los sistemas de energía deben crecer al ritmo de las demandas del centro de datos. Esto implica proyectar hacia el futuro y estimar cuánta potencia se necesitará. Los responsables deben anticipar la incorporación de nuevos servidores, el aumento de cargas de trabajo o mayores requerimientos de enfriamiento, y prever la capacidad suficiente sin incurrir en excesos. Sobredimensionar los sistemas supone un desperdicio innecesario, pero quedarse corto pone en riesgo toda la operación. Una planificación eficaz se basa en datos históricos, objetivos a largo plazo y un análisis inteligente de riesgos para tomar las mejores decisiones.

En resumen, la gestión de los sistemas de energía en un centro de datos exige una planificación sólida, una configuración cuidadosa y una atención constante. Cada componente importa. Es necesario comprender su funcionamiento, monitorearlo con las herramientas adecuadas y seguir un plan de mantenimiento que identifique problemas antes de que se agraven.

Al anticiparse a las incidencias, se reduce drásticamente el riesgo de fallos y el centro de datos permanece operativo de forma continua. Para los gerentes de instalaciones, invertir en sistemas confiables y mantenerlos en óptimas condiciones no es una mera formalidad: constituye el fundamento de un rendimiento sólido y un éxito sostenido a largo plazo. Una infraestructura eléctrica bien cuidada no solo protege el equipamiento; salvaguarda todo aquello que el centro de datos sostiene.

Optimización de los Sistemas de Enfriamiento para Mayor Eficiencia

Mantener los sistemas de enfriamiento eficientes constituye uno de los aspectos más críticos en la operación de un centro de datos. Un buen enfriamiento incide directamente en la duración del equipamiento, en su rendimiento y en los costos operativos de la instalación. Con servidores y dispositivos de red concentrados en espacios reducidos, la cantidad de calor generado se acumula con rapidez. Ese calor debe eliminarse de forma rápida y efectiva. Si el enfriamiento no se gestiona adecuadamente, puede provocar fallos en el hardware, ralentizaciones generales o incluso interrupciones graves. Por ello, los centros de datos requieren sistemas de enfriamiento robustos y rutinas de mantenimiento inteligentes que mantengan las temperaturas bajo control estricto.

Una de las configuraciones de enfriamiento más habituales en los centros de datos es la unidad de Aire Acondicionado para Salas de Computadoras (CRAC). Estas unidades son máquinas independientes que funcionan introduciendo aire frío en la sala para mantener la temperatura baja. Su instalación y mantenimiento resultan relativamente sencillos, lo que las convierte en una opción preferida para centros de datos más pequeños o con necesidades de enfriamiento simples. Sin embargo, las unidades CRAC no siempre representan la solución más eficiente, especialmente en instalaciones de mayor escala. No dirigen el enfriamiento de forma precisa hacia las fuentes de calor, por lo que el aire frío se distribuye de manera más dispersa de lo necesario. Esto genera una mezcla de aire caliente y frío —fenómeno conocido como "cortocircuito térmico"— que perjudica el rendimiento del enfriamiento y desperdicia energía.

Para optimizar las unidades CRAC, los equipos deben limpiar periódicamente los filtros y las bobinas, asegurando un flujo de aire constante. Resulta igualmente importante ajustar con precisión los parámetros de temperatura y humedad mediante un monitoreo cercano. Algunas configuraciones incorporan contención de pasillo caliente para mantener separados el aire caliente y el frío, lo que incrementa la efectividad de los sistemas CRAC y contribuye al ahorro energético.

Una alternativa más avanzada son las Unidades de Manejo de Aire para Computadoras (CRAH). Estos sistemas operan de manera distinta a las CRAC. En lugar de emplear enfriadores integrados, las CRAH toman aire exterior, lo enfrían y lo distribuyen por la sala. En climas más fríos, este método consume menos energía y permite ahorros significativos. Las unidades CRAH pueden mover mayores volúmenes de aire y adaptarse con mayor facilidad a entornos grandes o complejos. Sin embargo, el uso de aire exterior conlleva sus propios desafíos. Es fundamental garantizar que ese aire sea limpio y seguro para el equipamiento sensible.

Esto implica la instalación de filtros de alta calidad que eliminen polvo, humedad o cualquier partícula que pueda causar daños. Los sistemas CRAH también requieren controles más sofisticados para regular con precisión el flujo de aire, la humedad y la temperatura. Cualquier desequilibrio en estos parámetros reduce la efectividad del enfriamiento.

La ubicación de las unidades CRAH y la dinámica del flujo de aire en la sala constituyen consideraciones vitales. Una planificación deficiente del flujo puede generar distribuciones desiguales de temperatura, con zonas que se sobrecalientan mientras otras permanecen excesivamente frías. Esto no solo desperdicia energía, sino que también pone en riesgo el equipamiento. Una planificación adecuada asegura que el aire frío llegue exactamente a las áreas que más lo necesitan, reduciendo puntos calientes y mejorando la eficiencia global del enfriamiento. Elegir el método de enfriamiento correcto y mantenerlo en óptimas condiciones resulta clave para el funcionamiento fluido del centro de datos y para gestionar el consumo energético de manera efectiva.

A medida que los centros de datos crecen en escala y potencia, los sistemas de enfriamiento tradicionales ya no logran disipar el calor generado por los servidores de alto rendimiento. Aquí es donde entran en escena el Enfriamiento Líquido Directo (DLC) y el Enfriamiento por Inmersión. Estos métodos de vanguardia están ganando terreno por su eficiencia muy superior en la gestión del calor. Con el DLC, el enfriamiento se dirige de forma precisa a los componentes que generan mayor calor, como CPUs y GPUs, logrando una efectividad mucho mayor que el enfriamiento por aire. El enfriamiento por inmersión va aún más lejos al sumergir completamente los servidores en líquidos no conductores que absorben el calor de manera excepcionalmente eficiente.

El enfriamiento siempre ha representado uno de los mayores desafíos en los centros de datos, especialmente a medida que los servidores ganan potencia y los racks se densifican como nunca antes. Los gerentes de instalaciones críticas (CFMs) reconocen cada vez más el potencial de estas tecnologías avanzadas de enfriamiento. Aunque su implementación exige una planificación meticulosa, muchos CFMs las consideran inversiones prudentes para las operaciones futuras. Estos sistemas contribuyen a reducir los costos energéticos, disminuyen la dependencia de los equipos de enfriamiento tradicionales y permiten alojar más servidores en la misma superficie física. Además, los CFMs valoran su capacidad para cumplir con objetivos de sostenibilidad y prepararse para regulaciones energéticas más estrictas. Ante la creciente demanda de inteligencia artificial, servicios en la nube y computación de borde, los equipos de instalaciones exploran activamente la integración del Enfriamiento Líquido Directo (DLC) y el Enfriamiento por Inmersión en sus estrategias a largo plazo, incorporándolos desde las etapas de diseño y puesta en marcha.

En conjunto, estas tecnologías de enfriamiento están transformando la construcción y la gestión de los centros de datos. Ofrecen un rendimiento superior, promueven la eficiencia energética y facilitan el crecimiento y la expansión futura. A medida que la industria avanza, una comprensión fundamental de su funcionamiento y beneficios se vuelve cada vez más esencial para todos los involucrados, desde ingenieros hasta equipos operativos. El DLC y el Enfriamiento por Inmersión están pasando de ser conceptos innovadores a herramientas indispensables para mantener entornos críticos eficientes y confiables.

Independientemente del tipo de sistema de enfriamiento empleado, su eficiencia depende de una planificación exhaustiva que comienza en la fase de diseño. El equipo debe seleccionar el método más adecuado según el tamaño del centro de datos, la densidad del equipamiento y las condiciones climáticas locales. Uno de los aspectos más determinantes es la distribución del aire. Un flujo deficiente puede generar zonas de sobrecalentamiento mientras otras permanecen excesivamente frías, lo que desperdicia energía y pone en riesgo el equipamiento. Un diseño inteligente, especialmente mediante la contención de pasillos calientes y fríos, mantiene separados el aire caliente y el frío. Esto dirige el calor de regreso a las rejillas de retorno y envía el aire frío precisamente donde se requiere.

Esta estrategia de contención utiliza barreras físicas para separar los pasillos. Para que funcione de manera óptima, debe sellarse correctamente y permitir que el aire circule según lo previsto. Si el aire caliente se filtra hacia el pasillo frío, el sistema consumirá energía adicional para compensar el desequilibrio. Por ello, la instalación debe ser hermética y el flujo de aire debe gestionarse con precisión para preservar la eficiencia.

Mantener el funcionamiento fluido requiere monitoreo en tiempo real. Sensores deben registrar temperatura, humedad y flujo de aire en toda la instalación. Estos sensores transmiten los datos a un sistema central que permite al personal detectar anomalías de forma temprana. Si algún parámetro se desvía, el sistema debe generar alertas inmediatas. Los controles inteligentes pueden ajustar automáticamente la velocidad de los ventiladores o incrementar la capacidad de enfriamiento para mantener la estabilidad. Algunas configuraciones incorporan herramientas predictivas que analizan datos históricos para anticipar tendencias y actuar con antelación.

El mantenimiento desempeña un papel decisivo en la eficiencia sostenida de los sistemas de enfriamiento. Esto incluye la limpieza periódica de filtros, bobinas y bombas, así como la inspección de fugas, obstrucciones o signos de desgaste. La frecuencia de estas tareas depende del entorno y del tipo de equipamiento. Cumplir con un calendario de mantenimiento riguroso permite identificar problemas a tiempo, prolongar la vida útil del sistema y evitar interrupciones. Los equipos deben mantener registros detallados de cada revisión y reparación, lo que facilita la detección de patrones y la mejora continua del rendimiento.

Más allá de los aspectos técnicos, el factor humano resulta esencial para la eficiencia del enfriamiento. Capacitar adecuadamente al personal del centro de datos en la operación y el mantenimiento de los sistemas de enfriamiento es indispensable para una gestión efectiva y la prevención de errores. Esta formación debe abarcar procedimientos operativos seguros, técnicas de resolución de problemas y mejores prácticas para maximizar la eficiencia energética.

Además, los sistemas de enfriamiento dependen de buenas prácticas operativas, como una gestión adecuada del cableado para evitar obstrucciones al flujo de aire y garantizar espacio suficiente alrededor del equipamiento para una disipación óptima del calor. La limpieza es fundamental: la remoción regular de polvo del piso del centro de datos y la prevención de su acumulación mejoran notablemente la eficiencia del enfriamiento.

En conclusión, lograr un enfriamiento eficiente en un centro de datos representa un desafío multifacético que exige planificación cuidadosa, diseño acertado, implementación precisa y gestión continua. La selección de tecnologías apropiadas, un monitoreo y control efectivos, el mantenimiento preventivo y un personal bien capacitado constituyen elementos cruciales.

Al optimizar los sistemas de enfriamiento, los operadores de centros de datos pueden minimizar el consumo energético, prolongar la vida útil del equipamiento y garantizar el funcionamiento confiable y eficiente de su infraestructura crítica. La gestión eficiente del enfriamiento no es solo una medida de ahorro de costos: es un componente esencial para asegurar la fiabilidad y el rendimiento global del centro de datos. El enfoque proactivo descrito aquí contribuirá a mantener un enfriamiento consistente y eficiente, protegiendo la inversión en el centro de datos y los datos vitales que alberga.

Sistemas de Monitoreo y Control

El funcionamiento fluido de un centro de datos no depende únicamente de sistemas robustos de energía y enfriamiento, sino también de herramientas inteligentes de monitoreo y control que permiten gestionar todo en tiempo real. Estos sistemas ofrecen al personal una visión integral del rendimiento de la infraestructura, posibilitando la identificación y corrección de problemas antes de que se agraven. Incluso con instalaciones de energía y enfriamiento de primera calidad, las fallas pueden ocurrir si no existe un monitoreo adecuado. Por eso estas herramientas resultan tan esenciales: detectan incidencias tempranamente, reducen desperdicios y mantienen todo operando en su máximo nivel de eficiencia.

En el núcleo de este conjunto se encuentran los Sistemas de Monitoreo Ambiental (EMS), los Sistemas de Monitoreo de Energía Eléctrica (EPMS) y los Sistemas de Automatización de Edificios (BAS). En ocasiones, tanto los EMS como los EPMS se integran en una plataforma más amplia denominada Sistema de Gestión de Edificios (BMS).

Todos estos sistemas colaboran para recopilar y registrar datos mediante sensores distribuidos por toda la instalación. Estos sensores miden variables como temperatura, humedad, flujo de aire, consumo eléctrico e incluso niveles de polvo o partículas en el ambiente. En centros de datos más grandes o complejos suelen requerirse sensores adicionales, especialmente en zonas donde el calor se acumula con rapidez. Algunas instalaciones dividen el espacio en zonas y emplean múltiples plataformas

EMS que convergen en un único panel de control principal para facilitar la supervisión.

La elección de los sensores adecuados reviste gran importancia. Estos deben proporcionar lecturas precisas y operar de forma confiable en condiciones exigentes. Los sensores inalámbricos facilitan la instalación y el reubicamiento, lo que resulta especialmente útil en edificios antiguos donde tender cableado representa un inconveniente. Sin embargo, con los inalámbricos hay que considerar la intensidad de la señal y el riesgo de interferencias. Los sensores cableados ofrecen mayor estabilidad y mejor calidad de datos, aunque su instalación demanda más planificación y esfuerzo.

Independientemente del tipo seleccionado, los sensores requieren pruebas y calibraciones periódicas. Sin revisiones regulares, las lecturas pueden desviarse y ofrecer una imagen inexacta de la realidad. Establecer un calendario de mantenimiento asegura que cada sensor funcione correctamente. Este calendario debe incluir limpieza, pruebas, reemplazo de componentes dañados y actualización de software cuando sea necesario. Todo ello genera confianza en los datos y permite al equipo actuar en función de condiciones reales, no de suposiciones.

Una vez recopilados los datos, el sistema los envía a una plataforma central de monitoreo. Este software integra todas las lecturas, analiza tendencias y presenta la información mediante gráficos y paneles de control. Estos paneles permiten al equipo apreciar rápidamente el estado general y detectar dónde se requiere intervención. La plataforma debe incorporar alertas integradas: si una lectura supera un umbral seguro —por ejemplo, un aumento repentino de temperatura o un pico en el consumo eléctrico—, el sistema notifica de inmediato al personal. De este modo pueden intervenir con rapidez antes de que un problema menor derive en una interrupción grave.

Estas plataformas también facilitan el paso de una respuesta reactiva a una prevención proactiva. Al estudiar los datos y detectar patrones tempranos, el personal puede corregir anomalías antes de que se manifiesten. Esta capacidad transforma el monitoreo de mera observación en planificación estratégica, lo que marca una diferencia sustancial en el rendimiento a largo plazo del centro de datos.

Los sistemas de monitoreo avanzados ganan en sofisticación gracias a herramientas como el aprendizaje automático y los algoritmos predictivos. Estos analizan datos históricos de rendimiento para identificar patrones y predecir cuándo podría producirse una falla. Esto otorga a los equipos de instalaciones una ventaja decisiva, permitiéndoles planificar reparaciones o reemplazos en momentos que no afecten las operaciones diarias. Por ejemplo, un sistema ambiental inteligente podría detectar señales tempranas de deterioro en una unidad CRAC basándose en su comportamiento reciente. Con esa advertencia anticipada, el equipo puede programar una intervención sin interrumpir el servicio. Este tipo de planificación ahorra costos, evita tiempos de inactividad prolongados y contribuye a un funcionamiento más fluido.

Los sistemas inteligentes no se limitan a reaccionar cuando se superan límites: utilizan tendencias históricas e incluso datos externos para realizar predicciones. Al analizar patrones de temperatura y humedad y compararlos con pronósticos meteorológicos locales, el sistema puede anticipar cuánta capacidad de enfriamiento se requerirá en una tarde calurosa y ajustar los niveles de antemano, en lugar de esperar a que la temperatura suba. Esto mantiene el ambiente estable, protege el equipamiento y reduce el consumo energético. Ante demandas de potencia en constante cambio, esta respuesta flexible y en tiempo real cobra cada vez mayor relevancia.

Para obtener una visión completa de lo que ocurre en el centro de datos, es esencial integrar todos los sistemas de monitoreo en una sola plataforma. Esto implica conectar el monitoreo ambiental con las herramientas de seguimiento eléctrico. Cuando estos sistemas comparten datos, el equipo puede apreciar cómo interactúan las distintas partes de la instalación. Por ejemplo, podrían descubrir que un grupo específico de servidores genera picos de demanda de enfriamiento en determinados horarios. Esa información permite tomar decisiones más acertadas sobre futuras ampliaciones, reubicación de equipamiento o ajustes finos en los sistemas de enfriamiento para optimizar el consumo energético.

La integración de todos los elementos a través del Sistema de Gestión de Edificios (BMS) aporta beneficios aún mayores. El BMS controla aspectos como el sistema HVAC, la iluminación e incluso la seguridad. Cuando se coordina con el EMS y los monitores de energía, todo el conjunto puede responder automáticamente a los cambios. Por ejemplo, si el sistema detecta un aumento repentino de temperatura, el BMS puede activar unidades de enfriamiento adicionales o redirigir el flujo de aire para corregirlo antes de que surja cualquier problema. Esta configuración no se limita a reaccionar ante las variaciones: contribuye activamente a prevenirlas.

Un sistema plenamente conectado permite al equipo de instalaciones adoptar un enfoque más proactivo que reactivo. Al disponer de todos los datos en un único lugar, pueden planificar mejor, ahorrar energía, evitar desperdicios y mantener una mayor estabilidad operativa. Esto transforma sistemas dispersos en una red inteligente unificada que gestiona el centro de datos con mayor eficiencia y con menos imprevistos en el camino.

La implementación exitosa de sistemas de monitoreo y control exige una planificación cuidadosa. Configurar un sistema fiable de monitoreo y control requiere un diseño inteligente y elecciones acertadas. La selección de sensores y software debe ajustarse a las necesidades particulares del centro de datos, considerando su tamaño, distribución espacial y ritmo de crecimiento previsto. El sistema debe concebirse pensando en la escalabilidad, facilitando expansiones o actualizaciones futuras sin complicaciones mayores. La documentación exhaustiva resulta imprescindible: debe explicar con claridad el funcionamiento del sistema, su configuración y los procedimientos para resolver incidencias. Igualmente importante es la capacitación del personal. Todos los involucrados necesitan dominar el uso del sistema para aprovechar al máximo sus capacidades. Aunque la tecnología realiza gran parte del trabajo, las personas siguen siendo un elemento clave para que todo funcione correctamente. Los operadores requieren una formación sólida, no solo para manejar la herramienta, sino para interpretar el significado real de los datos. Deben saber leer las lecturas, identificar señales de alerta y actuar con rapidez cuando se active una notificación.

No se trata solo de conocer las herramientas: también implica comprender en tiempo real cómo variables como la temperatura o la humedad afectan a los servidores y al resto del equipamiento. La realización de simulacros y escenarios de práctica periódicos prepara al equipo para responder con agilidad y serenidad ante cualquier eventualidad. De este modo, no se limitan a reaccionar: responden con un plan establecido.

Una comunicación efectiva forma parte integral de ese plan. El equipo necesita procedimientos claros que definan quién se encarga de qué y en qué momento, especialmente durante emergencias. Establecer una cadena de mando precisa y garantizar que todos sepan a quién contactar marca la diferencia decisiva. Estos canales de comunicación deben incluir instrucciones explícitas para escalar incidencias a las personas adecuadas sin demoras innecesarias. Cada segundo cuenta cuando las cosas comienzan a desviarse.

En resumen, los sistemas efectivos de monitoreo y control resultan indispensables para garantizar el funcionamiento fluido de un centro de datos. Estos sistemas permiten a los equipos anticiparse a los problemas, realizar ajustes en tiempo real y optimizar el consumo energético.

Resolución de Problemas en Sistemas de Energía y Enfriamiento

La resolución de problemas en los sistemas de energía y enfriamiento de un centro de datos exige un enfoque claro y secuencial. Estos sistemas son complejos y suelen estar estrechamente interconectados, de modo que una pequeña anomalía en un área puede desencadenar fallos mayores en otra. Limitarse a intervenir solo cuando algo falla no resulta simplemente arriesgado: puede generar costos elevados y tiempos de inactividad significativos. Por ello, el método más efectivo es el proactivo, respaldado por un mantenimiento regular y sistemas de monitoreo robustos. Esta aproximación evita sorpresas y mantiene la operación estable.

El primer paso ante cualquier incidencia de energía o enfriamiento consiste en registrar todo con precisión. Es necesario documentar el momento exacto en que comenzó el problema, qué partes del sistema se vieron afectadas y qué indicios se observaron —como caídas abruptas de potencia, sobrecalentamiento o alertas de los equipos—. También resulta clave anotar cualquier circunstancia inusual previa que pudiera haberlo desencadenado.

Mantener registros detallados en todos los sistemas facilita la identificación de patrones y proporciona un punto de referencia valioso si el problema se repite. Este tipo de documentación respalda un análisis efectivo de causa raíz, permitiendo abordar el origen del fallo en lugar de limitarse a tratar sus síntomas.

Para investigar incidencias eléctricas se requieren herramientas de monitoreo de alta resolución que entreguen datos precisos sobre el consumo de cada dispositivo y rack. Estas herramientas muestran en tiempo real valores de corriente, voltaje y carga. Cualquier desviación respecto a los patrones normales constituye una señal de alerta. Por ejemplo, si un equipo comienza a consumir repentinamente más potencia de lo habitual, podría indicar un mal funcionamiento del dispositivo, un problema de cableado o la conexión indebida de algún elemento. Al analizar estos datos eléctricos en conjunto con las lecturas ambientales, a menudo se identifica la causa real. Las plataformas de monitoreo inteligentes incluso emplean aprendizaje automático para detectar patrones anómalos que podrían pasar desapercibidos para un observador humano.

En el caso de problemas de enfriamiento se aplica un procedimiento similar, pero centrado en los datos ambientales —principalmente temperatura, flujo de aire y humedad—. Las herramientas EMS permiten rastrear estas variables a lo largo de todo el centro de datos. Si una zona se calienta de forma desproporcionada o la humedad aumenta en un sector específico, suele indicar una falla localizada en el sistema de enfriamiento. Muchas configuraciones incorporan redundancia, lo que facilita determinar si una unidad o sección concreta ha fallado, permitiendo reparar o reemplazar solo lo afectado sin interrumpir la operación completa.

Una vez identificado el fallo, el siguiente paso consiste en acotar el origen. Esto requiere combinar herramientas de diagnóstico con inspecciones manuales. Comience con una revisión visual: verifique si hay cables sueltos, dañados o con signos de quemaduras. A continuación, pruebe componentes uno por uno —fuentes de alimentación, ventiladores de enfriamiento, sensores de temperatura— para confirmar su correcto funcionamiento.

Por último, regrese a los datos. Examine las tendencias, identifique qué cambió y determine qué condujo al problema. El análisis de causa raíz previene la recurrencia, ahorrando tiempo, recursos y tensiones a largo plazo. Considere el ejemplo de un rack de servidores que mantiene temperaturas persistentemente elevadas. A simple vista podría parecer suficiente mejorar el flujo de aire o aumentar la capacidad de enfriamiento. Sin embargo, un examen más profundo podría revelar que los ventiladores internos de los servidores no funcionan correctamente o que el diseño original del sistema de enfriamiento era inadecuado desde el principio. Corregir solo el síntoma visible ofrece alivio temporal, pero sin resolver la causa verdadera el problema reaparecerá inevitablemente. Profundizar en los detalles —partiendo de los síntomas hasta llegar a la raíz— es el camino hacia mejoras duraderas que aseguran un funcionamiento continuo y estable.

La solución dependerá de la naturaleza exacta del problema. En ocasiones se trata de intervenciones sencillas, como sustituir un componente defectuoso o ajustar una conexión floja. En otros casos puede requerir el reemplazo de una unidad de enfriamiento averiada o la reconfiguración del sistema eléctrico. Sea cual sea la medida correctiva, dedique tiempo a evaluar los riesgos. Considere qué podría salir mal durante la reparación, cuánto tiempo permanecerán fuera de servicio los sistemas, qué servicios podrían verse afectados y si existen preocupaciones de seguridad. Omitir esta evaluación podría agravar la situación.

Una vez completada la intervención, pruebe todo con meticulosidad. No dé por sentado que el problema está resuelto: observe el sistema durante un tiempo prolongado para confirmar que se mantiene estable y opera como debe. Vigile de cerca las lecturas clave para detectar cualquier anomalía nueva o persistente. Registre todo con detalle: la causa raíz, las acciones realizadas para corregirla y la forma en que se verificó la solución. Estas anotaciones van mucho más allá de un mero trámite administrativo. Constituyen la base de una guía de resolución de problemas sólida que, en el futuro, ahorrará tiempo y reducirá la incertidumbre cuando surjan incidencias similares.

Implementar un programa de mantenimiento preventivo representa otra decisión estratégica. Detectar problemas incipientes evita que evolucionen hacia interrupciones costosas y prolongadas. Un calendario bien estructurado debe incluir revisiones periódicas, limpiezas y pruebas de rendimiento en componentes críticos como los sistemas eléctricos y las unidades de enfriamiento. Asigne estas tareas a personal capacitado y asegúrese de que se cumplan los plazos establecidos. Este enfoque no solo genera ahorros económicos: prolonga la vida útil del equipamiento y aporta mayor estabilidad al conjunto. Defina las tareas con claridad, precise los intervalos y delimite responsabilidades sin ambigüedades.

La capacitación del equipo reviste igual importancia. El personal debe saber exactamente qué hacer cuando surja una incidencia. Esto implica sesiones regulares sobre el funcionamiento de los sistemas, la identificación de fallos, su resolución y las medidas de seguridad imprescindibles. No se limite a la formación teórica: realice simulacros y escenarios prácticos para que el equipo adquiera experiencia real antes de enfrentarse a una situación crítica. Cuanto mejor preparado esté el personal, más rápidas y seguras serán sus intervenciones bajo presión.

Cuando se presente un problema de energía o enfriamiento, una comunicación efectiva marca la diferencia decisiva. Todas las partes involucradas —gerentes, equipos de TI e incluso inquilinos— deben recibir actualizaciones oportunas y precisas. Establezca procedimientos claros: quién contactar, cómo hacerlo y en qué momento escalar el incidente si es necesario. Elija el medio más adecuado según la gravedad: correo electrónico, mensaje instantáneo o llamada telefónica. Cuando el equipo conoce el estado de la situación y los pasos siguientes, las soluciones se alcanzan con mayor rapidez y menor impacto en las operaciones.

El empleo de sistemas de monitoreo avanzados constituye una de las herramientas más poderosas para resolver incidencias antes de que escalen. Estas plataformas trascienden las simples alertas: incorporan funciones predictivas que detectan señales tempranas de deterioro. Por ejemplo, pueden identificar hardware próximo a fallar, unidades de enfriamiento operando al límite de su capacidad o indicios de un pico de potencia inminente.

Actuar con prontitud ante estas advertencias brinda tiempo suficiente para intervenir antes de que el problema derive en una interrupción mayor. Los datos recopilados ofrecen una visión nítida del rendimiento de los sistemas y de las vulnerabilidades potenciales. Esta información permite tomar decisiones más acertadas, mantener el equipamiento en óptimas condiciones y evitar tiempos de inactividad imprevistos.

Al mismo tiempo, el registro minucioso en cada etapa del proceso de resolución resulta indispensable. Todo incidente debe documentarse con claridad: descripción del problema, pasos realizados y resultado final. Estos registros no solo facilitan el cumplimiento normativo y las auditorías: se convierten en herramientas de aprendizaje valiosas. Los equipos pueden revisar qué funcionó, qué falló y evitar repetir errores. La documentación debe permanecer accesible para todos los miembros del equipo, servir de referencia y actualizarse cada vez que cambien los sistemas o procedimientos. De este modo, todos trabajan con la información más actualizada y nadie queda a la deriva durante una crisis. Además, facilita las transiciones entre turnos o la incorporación de nuevos integrantes.

La resolución efectiva también depende de las personas, no solo de los sistemas. El equipo necesita habilidades y confianza para actuar con rapidez y eficacia. Un personal bien formado, respaldado por datos fiables y una planificación inteligente, puede convertir potenciales catástrofes en meros inconvenientes. Cuando las personas dominan las herramientas, reconocen las señales de alerta y siguen procesos bien documentados, el centro de datos entero opera mejor. Esto reduce la presión sobre el equipo y mejora el servicio para todos los que dependen de él. Sin embargo, ello exige esfuerzo constante: actualizar la capacitación, incorporar nuevos conocimientos y mantener hábitos precisos.

En conclusión, resolver eficazmente problemas de energía y enfriamiento no se reduce a reparar averías cuando ocurren: implica prevenirlas antes de que surjan. Se trata de detectar señales tempranas, aprender de los errores pasados y garantizar que todo el equipo esté preparado. Herramientas de monitoreo avanzadas, registros precisos y un equipo capacitado que trabaja en conjunto pueden marcar la diferencia entre una incidencia menor y una interrupción grave. Invertir tiempo y recursos en formación, tecnología superior y documentación robusta no es solo una buena práctica: es la forma de construir un centro de datos en el que todos puedan confiar día tras día.

Planificación de Capacidad y Crecimiento Futuro

La planificación efectiva de la capacidad para energía y enfriamiento no es una tarea única: se trata de un proceso continuo que exige actualizaciones regulares, monitoreo constante y ajustes estratégicos. Una planificación deficiente suele derivar en fallos de alimentación, sobrecalentamiento de equipos o interrupciones que afectan las operaciones. Una estrategia proactiva que contemple tanto las necesidades inmediatas como el crecimiento a largo plazo resulta imprescindible. Esta sección presenta un enfoque claro para la planificación de capacidad que garantiza que los sistemas estén preparados para lo que viene.

Comience realizando una auditoría exhaustiva de la infraestructura existente —no solo servidores y equipamiento de red, sino también sistemas de respaldo, unidades de enfriamiento, generadores, PDUs y cualquier otro componente que soporte la energía y el enfriamiento—. Documente la capacidad total de cada elemento, su uso actual y el margen disponible. Esta información constituye la línea base para proyecciones precisas. Al mismo tiempo, monitoree el consumo energético diario. Identifique patrones en los picos y valles de uso para anticipar mejor la demanda futura. Cuando se combina con las previsiones de crecimiento empresarial, este análisis ofrece una visión mucho más nítida del panorama venidero. Aquí es donde las herramientas DCIM destacan con verdadera fuerza. Una buena plataforma DCIM no se limita a recopilar datos:

proporciona una ventana clara sobre el funcionamiento real de los sistemas. Registra en tiempo real el consumo energético, el rendimiento del enfriamiento y las condiciones ambientales. Muestra dónde se están formando puntos calientes o dónde el flujo de aire no cumple su función. Señala zonas en las que los sistemas trabajan bajo estrés excesivo o por debajo de su potencial. Ofrece gráficos, diagramas y paneles de control que facilitan la detección de problemas y la toma de decisiones sobre qué cambios implementar. Estas herramientas permiten intervenir con antelación, antes de que una anomalía derive en una crisis mayor.

Seleccionar la herramienta DCIM adecuada requiere reflexión cuidadosa. Identifique las métricas clave que más importan a su equipo y asegúrese de que la plataforma se alinee con la forma en que opera su instalación, ofreciendo acceso directo a esos indicadores esenciales. Sin embargo, incluso la mejor herramienta resulta inútil si nadie comprende el significado de los datos. Por ello, es fundamental contar con miembros del equipo capaces de analizar la información, reconocer patrones y vincular lo que ven con decisiones prácticas en el mundo real. La capacitación en interpretación de datos y comprensión del comportamiento de los sistemas debe ir de la mano con el uso de la herramienta. Los números solo adquieren valor cuando las personas saben leerlos y determinar qué acción emprender. Una planificación sólida se sustenta en habilidades sólidas.

La planificación de las necesidades futuras de energía y enfriamiento implica examinar con detenimiento el tipo de equipamiento informático que se incorporará. Este tipo de pronóstico resulta mucho más efectivo cuando el equipo de instalaciones críticas colabora estrechamente con el departamento de TI. Todos deben estar alineados en la misma dirección. Los modelos de previsión deben considerar factores como el crecimiento esperado de servidores, las actualizaciones de hardware programadas y los planes para introducir nuevas tecnologías. Cambios como la virtualización y la adopción de la nube también deben integrarse en el plan.

La virtualización, aunque eficiente, incrementa la carga sobre los sistemas de energía y enfriamiento. Incluso con una mayor migración a la nube, los entornos híbridos y la computación de borde mantienen la relevancia de los centros de datos. Las previsiones precisas dependen de datos en tiempo real, no de suposiciones basadas en modelos obsoletos. Este tipo de planificación debe permanecer flexible. No se trata de una estimación puntual. Los equipos deberían evaluar varios escenarios —el mejor caso, el peor caso y el más probable—. De este modo comprenden el rango completo de posibilidades y evitan ser sorprendidos. El análisis de sensibilidad resulta igualmente valioso: evalúa cómo variaciones en variables clave —como el número de servidores o la eficiencia del enfriamiento— podrían impactar el conjunto. Este examen profundo facilita la elaboración de presupuestos y proporciona planes de contingencia si la demanda crece más rápido de lo previsto. Por ejemplo, ante un aumento repentino en el número de máquinas virtuales, el equipo ya sabrá qué efectos podría tener en las necesidades de energía y enfriamiento y estará preparado para afrontarlo.

Una vez completados los pronósticos, elabore un plan de capacidad concreto. Este plan debe detallar con claridad las acciones necesarias para satisfacer las demandas futuras. Ello puede incluir la adquisición de nuevo equipamiento, la actualización de sistemas antiguos o la reconfiguración de partes de la instalación para mejorar la eficiencia. Divida las etapas en cronogramas precisos e incluya el presupuesto correspondiente a cada fase. El plan también debe ponderar la eficiencia energética, no solo el costo inmediato. Optar por sistemas UPS de alta eficiencia, unidades de enfriamiento más avanzadas y diseños de flujo de aire más inteligentes contribuirá a reducir las facturas energéticas del centro y a disminuir su impacto ambiental. Estas decisiones deben resultar financieramente rentables a lo largo del tiempo, no solo económicas en el momento de la inversión.

La ejecución del plan no marca el fin del trabajo. Requiere revisiones periódicas y actualizaciones constantes para mantenerlo alineado con la realidad operativa. A medida que el negocio crece o las necesidades tecnológicas evolucionan, el plan debe adaptarse en consecuencia. Considérelo un documento vivo, en permanente mejora.

Esto implica realizar ajustes cuando un nuevo componente no rinda como se esperaba o cuando la empresa tome un rumbo distinto. Compare con frecuencia los datos en tiempo real contra los pronósticos. De este modo, si algo comienza a desviarse, el equipo puede intervenir con rapidez antes de que derive en una situación grave. Este ciclo de retroalimentación resulta esencial para preservar el funcionamiento fluido del centro de datos y prevenir incidencias inesperadas en el futuro.

La planificación de capacidad va más allá del aspecto técnico: también debe considerar normativas y regulaciones. Cumplir con estándares legales y ambientales resulta tan importante como mantener los sistemas operativos.

Esto incluye garantizar que el plan se ajuste desde el inicio a los códigos de construcción vigentes, las leyes de eficiencia energética y las normativas ambientales. Omitir el cumplimiento normativo puede generar demoras, modificaciones costosas o incluso complicaciones legales a mediano plazo. Por ello es fundamental incorporar estos requisitos como elemento central del proceso de planificación. Toda ampliación, actualización o modificación debe encajar dentro de los límites legales. Los equipos deberían colaborar desde las primeras etapas con expertos legales o responsables de cumplimiento para asegurar que cada paso se mantenga dentro del marco normativo y sin riesgos. Resulta mucho más sencillo diseñar dentro de las reglas que tener que corregir problemas una vez que algo ya ha sido construido o instalado.

En conclusión, una planificación sólida de la capacidad para energía y enfriamiento constituye la clave del éxito a largo plazo de un centro de datos. No se trata solo de mantenerse al día, sino de ir por delante. Al dedicar tiempo a evaluar exhaustivamente los sistemas actuales, elaborar pronósticos precisos y diseñar planes inteligentes, los responsables pueden preparar la instalación para el futuro sin improvisaciones de última hora. Se trata de un proceso que exige revisiones periódicas, actualizaciones y ajustes continuos. También depende de una comprensión clara de cómo se interrelacionan las necesidades tecnológicas, los objetivos empresariales y las exigencias normativas. Mantener este enfoque a lo largo del tiempo genera confianza, reduce riesgos y asegura operaciones más fluidas. Un plan bien concebido no solo sostiene la infraestructura: dota a los equipos de claridad y seguridad para actuar con responsabilidad y sostenibilidad. Esta aproximación protege la disponibilidad, controla los costos y favorece la estabilidad a largo plazo, preparando al centro de datos para afrontar con éxito cualquier desafío venidero.

Visión General y Gestión de la Infraestructura de Red

Poner en marcha un centro de datos tras su construcción requiere mucho más que sistemas de energía y enfriamiento confiables. Una red cuidadosamente planificada y bien gestionada resulta igual de esencial. Esta red constituye el núcleo de todo: transporta datos entre servidores, dispositivos de almacenamiento y el mundo exterior. Cuando opera sin contratiempos, garantiza disponibilidad, velocidad y seguridad. De este modo, las operaciones empresariales continúan sin interrupciones y los datos sensibles permanecen protegidos. Para lograrlo, la red debe diseñarse con precisión y cada uno de sus componentes requiere una gestión meticulosa y detallada. Esta sección presenta los elementos fundamentales de la red de un centro de datos y ofrece consejos prácticos y realistas para gestionarlos y resolver incidencias de manera efectiva.

La columna vertebral de la red comienza con los switches. Los switches de capa 2 gestionan las transferencias internas de datos entre servidores, matrices de almacenamiento y otros dispositivos. La selección adecuada implica evaluar la velocidad de los puertos (desde 1GbE hasta 100GbE), la cantidad de puertos y funciones avanzadas como Power over Ethernet (PoE). A medida que crece la virtualización y la adopción de la nube, los fabrics de switches de alto rendimiento y sin bloqueo se vuelven indispensables para manejar el tráfico creciente sin caídas de desempeño.

Igualmente crítico resulta la gestión del cableado. Un cableado desorganizado o dañado puede generar latencia o interrupciones del servicio. Los equipos deben implementar un sistema claro de etiquetado y realizar inspecciones periódicas para detectar desgaste o conexiones flojas. Un plan documentado del cableado —a menudo almacenado en una plataforma DCIM— simplifica el mantenimiento y acelera la resolución de incidencias.

A continuación entran los routers, que operan en capa 3 y conectan el centro de datos con el exterior: internet, otro centro de datos o redes remotas. Los routers dirigen el tráfico en función de direcciones IP. La elección del router adecuado depende del volumen de tráfico a manejar, el nivel de seguridad requerido y la necesidad de escalabilidad futura. En centros de datos de gran escala, se imponen routers robustos con funciones de seguridad integradas.

La configuración correcta de protocolos de enrutamiento como BGP u OSPF asegura que los datos sigan la ruta óptima hacia su destino. Una configuración errónea puede provocar que el tráfico se atasque, entre en bucles infinitos o colapse la red. Por ello resulta inteligente implementar rutas de respaldo. Protocolos como VRRP o HSRP garantizan continuidad si un router falla. Para detectar problemas incipientes, el equipo debe monitorear constantemente la salud del router: cargas de CPU, uso de memoria y estadísticas de interfaces. Identificar comportamientos anómalos a tiempo permite intervenir antes de que la situación se agrave. Este monitoreo proactivo mantiene la estabilidad de la red y previene interrupciones inesperadas.

Los firewalls protegen la red filtrando el tráfico entrante y saliente. Los firewalls de próxima generación (NGFW) ofrecen capacidades avanzadas: prevención de intrusiones, inspección profunda de paquetes y control de aplicaciones. Su configuración adecuada resulta crucial; un error puede generar vulnerabilidades.

Las actualizaciones periódicas cierran brechas emergentes. Un solo descuido en la configuración puede abrir puertas a atacantes. Mantener los firewalls parcheados ayuda a sellar esas vulnerabilidades a medida que se descubren. Combinarlos con Sistemas de Detección y Prevención de Intrusiones (IDS/IPS) añade una capa adicional de defensa. Estas herramientas analizan el tráfico en busca de actividad sospechosa y pueden actuar de inmediato para detenerla. La ubicación estratégica de los firewalls marca una diferencia decisiva: deben proteger el acceso a los sistemas más sensibles. Resulta igualmente inteligente revisar regularmente los registros de los firewalls. Estos logs revelan qué está ocurriendo y permiten rastrear comportamientos anómalos con rapidez. Su revisión periódica capacita al equipo de seguridad para actuar antes de que un problema se convierta en una amenaza real.

Aunque los switches, routers y firewalls acaparan la mayor atención, otros dispositivos de red desempeñan un papel fundamental en el funcionamiento del centro de datos. Los balanceadores de carga distribuyen el tráfico entre varios servidores para evitar la saturación de uno solo. Las herramientas de monitoreo de red resultan imprescindibles: ofrecen visibilidad en tiempo real y permiten detectar y corregir problemas antes de que los usuarios los perciban. En entornos más complejos, los

Sistemas de Gestión de Red (NMS) simplifican la tarea al consolidar todos los dispositivos en una única vista, desde donde el equipo puede supervisar y administrar todo. Integrar el NMS con otras plataformas, como DCIM, genera una visión integral de cómo interactúan los sistemas. Esta perspectiva global acelera la resolución de incidencias y mantiene el centro de datos operativo sin contratiempos inesperados.

La gestión efectiva de una red exige un esfuerzo sostenido. El equipo debe monitorear continuamente la situación, abordar incidencias antes de que escalen y responder con rapidez cuando surge un problema. Un buen monitoreo registra métricas clave: uso de ancho de banda, velocidad del tráfico y frecuencia de errores. Mantener los dispositivos actualizados con parches y firmware garantiza su operación segura y fluida. Cuando aparecen incidencias, contar con herramientas de diagnóstico adecuadas permite al equipo identificar la causa con rapidez y resolverla sin demoras. Disponer de un plan claro para gestionar problemas —quién contactar, qué hacer, cómo comunicar— marca una diferencia decisiva durante las interrupciones. Realizar pruebas periódicas de los planes de respaldo y recuperación ante desastres asegura que el equipo sepa exactamente cómo actuar cuando las cosas se complican de verdad.

Una postura de seguridad sólida va más allá de la tecnología. El Control de Acceso Basado en Roles (RBAC) restringe el acceso según las funciones de cada usuario, mientras que la Autenticación Multifactor (MFA) añade una capa adicional de protección. Las auditorías de seguridad regulares, las pruebas de penetración y las revisiones de políticas ayudan a detectar y cerrar brechas. La educación de los usuarios resulta igualmente crítica: el error humano sigue siendo uno de los mayores riesgos para la seguridad de la red.

Mantenerse al día con las actualizaciones, revisar periódicamente las políticas y vigilar las nuevas amenazas permite al equipo estar preparado para cualquier eventualidad. Un enfoque firme y constante en la seguridad de la red protege todo el centro de datos y asegura que las operaciones transcurran sin contratiempos.

La planificación de la capacidad de red, al igual que con la energía y el enfriamiento, funciona mejor cuando se concibe como un proceso continuo. No se trata de una tarea que se realiza una vez y se olvida. Es necesario proyectar con regularidad y anticipar cuánto ancho de banda requerirá el centro de datos, especialmente a medida que se incorporan más servidores y nuevas aplicaciones exigen mayores velocidades. Estos pronósticos previenen problemas antes de que surjan. Revisar el uso de forma periódica asegura que la red pueda seguir el ritmo del tráfico creciente. Cuando sea necesario, actualizar a tecnologías de red más rápidas mantendrá un rendimiento sólido y confiable. Resulta inteligente alinear estas revisiones de red con las de energía y enfriamiento, de modo que todo crezca de manera coordinada y equilibrada. Un plan de red robusto no debe limitarse a satisfacer las necesidades actuales: debe estar preparado para lo que vendrá.

Esto implica anticiparse a tecnologías como SDN (Redes Definidas por Software) o NFV (Virtualización de Funciones de Red), que ofrecen mayor control y flexibilidad. Cuando el diseño de la red incorpora escalabilidad y componentes modulares, resulta mucho más sencillo expandir o reemplazar elementos sin tener que reconstruir todo desde cero.

En resumen, la red constituye el verdadero sistema nervioso central de un centro de datos. Sin ella, nada se mueve, nada se conecta y nada funciona correctamente. Una red sólida, planificada con cuidado, gestionada con atención y construida con criterios de seguridad resulta clave para mantener todo operativo sin interrupciones. Esto implica planificar, monitorear su rendimiento y tomar decisiones informadas sobre su gestión diaria. Todo ello capacita al centro de datos para responder a las necesidades futuras del negocio, desde cambios tecnológicos significativos hasta una demanda creciente de velocidad y almacenamiento. La forma en que se gestiona, protege y escala la red debe permanecer siempre en el centro de la conversación. La infraestructura de red adecuada no solo cubre las exigencias de hoy: se prepara para el crecimiento, la tecnología y los desafíos de mañana. Cuando se diseña y construye correctamente, la red permanece fuerte y mejor equipada para garantizar una disponibilidad constante, adaptarse al cambio y respaldar al negocio durante muchos años por venir.

Sistemas de Seguridad y Control de Acceso

Una infraestructura de red sólida, como se ha discutido anteriormente, representa solo uno de los aspectos para mantener un centro de datos seguro. Igual de importante —quizá incluso más— resulta la seguridad física y lógica que protege toda la instalación y todo lo que contiene. Una estrategia de seguridad robusta debe implementar múltiples capas, desde los mecanismos de entrada y salida del edificio hasta las herramientas que detectan comportamientos anómalos o intentos de intrusión. Hay que anticipar las diversas formas en que pueden manifestarse las amenazas y colocar las defensas adecuadas con antelación. Si algo falla, debe existir ya un plan preparado para responder con rapidez y evitar que el problema se propague.

La seguridad física comienza en el perímetro exterior de la propiedad. La primera línea de defensa suele consistir en cercas altas coronadas con alambre de púas o concertina, acompañadas de una iluminación potente que mantenga el área bien iluminada en todo momento. Esto dificulta que alguien pueda aproximarse sin ser detectado. Resulta igualmente prudente reducir al mínimo los puntos de acceso para poder vigilar con mayor eficacia las entradas y salidas. Los bolardos impiden que vehículos embistan puertas o muros. En cada punto de acceso deben instalarse sistemas como lectores de tarjetas o escáneres de huellas dactilares, de modo que solo las personas autorizadas puedan ingresar.

Estos sistemas deben conectarse a una plataforma central de seguridad que registre cada intento de acceso. De esta forma, si ocurre algo inusual, el equipo de seguridad puede revisar los logs y reconstruir los hechos. Una configuración efectiva puede incorporar dos o tres capas de verificación —por ejemplo, tarjeta más PIN o escaneo de huella—, lo que complica enormemente cualquier intento de burlar el sistema.

Una vez dentro del edificio, el control debe mantenerse riguroso. No todos deben tener libertad para desplazarse por cualquier zona. El nivel de acceso debe corresponder estrictamente a las funciones de cada persona. Por ejemplo, un técnico de TI podría necesitar entrar a las salas de servidores, pero un repartidor no debería tener ese privilegio. Estos niveles de permiso deben gestionarse mediante software dedicado de control de acceso, a menudo integrado con el sistema de gestión del edificio. Así se facilita el seguimiento de quién puede acceder dónde y se realizan modificaciones con rapidez cuando sea necesario. Resulta esencial revisar periódicamente estos permisos para garantizar que nadie conserve acceso a recursos que ya no necesita. Cada cambio en los privilegios debe documentarse con claridad y verificarse para asegurar precisión y seguridad.

El mantenimiento de los sistemas de acceso también exige atención constante. Es necesario probar regularmente los lectores de tarjetas y los dispositivos biométricos para confirmar su correcto funcionamiento. Cuando alguien abandona la empresa o cambia de rol, sus tarjetas deben desactivarse o reemplazarse de inmediato. El software que gestiona todo el sistema requiere actualizaciones frecuentes para protegerlo contra nuevas amenazas. Incluso las mejores herramientas resultan inútiles si están desactualizadas o presentan fallos.

En caso de emergencia, las personas deben saber exactamente qué hacer. Esto implica contar con procedimientos escritos para acceder a zonas restringidas si los sistemas fallan. Esos protocolos de emergencia deben probarse con regularidad para que todos conozcan lo que se espera de ellos. Los datos de contacto del equipo de seguridad y las instrucciones claras deben permanecer fácilmente accesibles, especialmente en momentos de crisis. Cuando el personal conoce el plan y las herramientas funcionan con eficacia, los problemas se resuelven de manera más eficiente y con menor confusión, protegiendo así el centro de datos y todo lo que sostiene.

Los sistemas de televisión de circuito cerrado (CCTV) desempeñan un papel clave en cualquier plan de seguridad sólido para un centro de datos. Una configuración bien diseñada permite al equipo de seguridad monitorear en tiempo real todas las áreas, tanto interiores como exteriores. Además, actúa como elemento disuasorio visible para posibles intrusos y como herramienta fiable para revisar incidentes una vez ocurridos. La colocación estratégica de las cámaras resulta crucial: hay que eliminar puntos ciegos y garantizar una cobertura clara de todas las entradas, salidas y zonas de alto valor. Las cámaras de alta definición capturan imágenes útiles. Deben emplearse grabadores de video digital (DVR) o grabadores de video en red (NVR) para almacenar las grabaciones. Estas grabaciones sirven para revisiones de seguridad y como evidencia si fuera necesario. Es imprescindible seguir una política clara de retención que cumpla con las normativas legales y del sector. Pruebe el sistema CCTV con frecuencia:

verifique que las cámaras funcionen correctamente, que los dispositivos de grabación tengan espacio suficiente y que las grabaciones se almacenen como se espera. Omitir el mantenimiento regular aumenta el riesgo de fallo precisamente cuando más se necesita.

Para reforzar aún más la seguridad física, los Sistemas de Detección de Intrusiones (IDS) utilizan sensores que detectan movimientos no autorizados o manipulaciones. Pueden incluir detectores de movimiento, contactos en puertas o sensores de rotura de vidrio ubicados en puntos estratégicos. Cuando el sistema identifica actividad anómala, genera alertas y activa alarmas. La configuración del IDS debe integrarse con el CCTV y el control de acceso para ofrecer una visión completa de lo que ocurre. Mantener un registro de cada alerta ayuda a rastrear incidencias y detectar patrones a lo largo del tiempo. Pruebe los sensores con regularidad y colóquelos con cuidado para minimizar falsas alarmas, que pueden distraer al equipo y retrasar respuestas reales. Asegúrese de que todos los miembros del equipo conozcan los pasos a seguir ante una alerta y practiquen esos procedimientos periódicamente para mantener tiempos de respuesta ágiles y evitar confusiones en incidentes reales.

Los Sistemas de Prevención de Intrusiones (IPS) ayudan a bloquear amenazas antes de que alcancen los sistemas centrales. Deben configurarse con precisión y mantenerse actualizados. La seguridad debe basarse en múltiples capas protectoras —lo que se conoce como defensa en profundidad—. No se trata solo de tecnología. El equipo requiere capacitación regular para reconocer intentos de phishing, evitar conductas de riesgo y mantener hábitos seguros en línea. Actualice con frecuencia todo el software y firmware, aplicando parches de seguridad para cerrar vulnerabilidades conocidas antes de que se conviertan en puntos de entrada. Controle el acceso a datos y sistemas siguiendo el principio de privilegio mínimo: conceda únicamente los permisos estrictamente necesarios para cada función. Implemente siempre la Autenticación Multifactor (MFA), incluso en sistemas internos, para bloquear accesos no autorizados. Utilice herramientas de Gestión de Información y Eventos de Seguridad (SIEM) para centralizar todos los logs. Estas plataformas permiten detectar amenazas y reaccionar con rapidez.

Todos los componentes del sistema de seguridad deben operar de manera integrada. Esto implica conectar el control de acceso, el CCTV, los IDS y las defensas de red en una plataforma única. Por lo general, se logra mediante un Sistema de Gestión de Seguridad Centralizado (SMS), que recopila datos de todas las herramientas y ofrece una visión integral de la situación. Esto facilita respuestas más rápidas y decisiones mejor informadas. Siga las tendencias de seguridad revisando informes y logs con regularidad. Si algo comienza a cambiar, dispondrá de tiempo para actuar antes de que el riesgo se agrave. Construya también un plan sólido de respuesta a incidentes y revíselo periódicamente. Ese plan debe definir responsabilidades claras durante una brecha, los pasos para contener el problema y el procedimiento para restaurar todo a un estado seguro.

La documentación clara y detallada une todos los elementos. Mantenga registros precisos sobre ubicaciones de cámaras, configuraciones de sensores, reglas de acceso y ajustes de firewalls. Actualice estos documentos cada vez que ocurra un cambio. Esto mantiene a todos alineados y permite respuestas más rápidas ante problemas. Además, demuestra el cumplimiento de las normativas de seguridad y facilita la adhesión a estándares del sector. Revise con frecuencia todas las políticas de seguridad y adáptelas a medida que surjan nuevas amenazas. Mantenerse alerta y preparado, combinando planificación y acción, es la mejor forma de proteger no solo el hardware, sino también los valiosos datos en los que confían diariamente los clientes y los equipos.

Prácticas Recomendadas de Seguridad en Centros de Datos

Partiendo de las sólidas medidas de seguridad física y lógica ya mencionadas, mantener un centro de datos seguro exige un enfoque práctico y multicapa que incluya revisiones periódicas de seguridad, análisis exhaustivos de vulnerabilidades y un programa integral de capacitación en conciencia de seguridad para todo el personal. Cuando estos elementos funcionan en armonía, refuerzan de manera significativa la protección del centro y reducen considerablemente el riesgo de intrusiones o brechas.

Las revisiones de seguridad no son una tarea que se realiza una sola vez y se olvida. Deben llevarse a cabo con frecuencia y formar parte de una rutina continua para garantizar que el centro permanezca protegido en todo momento. Estas revisiones deberían realizarse al menos una vez al año — con mayor periodicidad si el centro alberga datos especialmente sensibles o enfrenta amenazas más elevadas.

Un experto en seguridad con amplia experiencia real en entornos de centros de datos debe liderar el proceso. Este profesional examinará minuciosamente cada sistema y procedimiento existente. Ello implica verificar el correcto funcionamiento de los dispositivos de control de acceso, revisar grabaciones de cámaras en busca de cualquier actividad inusual y probar los sistemas de detección de intrusiones. Las revisiones también deben abarcar la seguridad del software: firewalls, herramientas de prevención de intrusiones y programas de protección actualizados.

Tras la auditoría, el experto elaborará un informe claro que detalle los problemas identificados y las medidas necesarias para corregirlos. El equipo directivo debe revisar este informe con atención y actuar de inmediato. En la siguiente ronda de revisiones resulta fundamental comprobar si las recomendaciones previas se implementaron con éxito. Por ejemplo, si una auditoría anterior señaló que la iluminación exterior era insuficiente, la revisión subsiguiente debe confirmar si las nuevas luces o cercas han incrementado efectivamente la seguridad.

La ejecución de análisis de vulnerabilidades constituye otro pilar esencial del plan de seguridad global. A diferencia de las auditorías convencionales, que evalúan lo ya instalado, estos análisis buscan detectar puntos débiles antes de que se conviertan en problemas reales. Por lo general, se emplean herramientas especializadas que examinan en busca de riesgos conocidos en sistemas y redes. Estas herramientas deben escanear todo: desde servidores hasta aplicaciones y dispositivos conectados a la red.

El objetivo consiste en identificar qué vulnerabilidades existen, su gravedad y el daño potencial que podrían causar. Una vez concluido el análisis, debe elaborarse un plan de acción que priorice la corrección de los problemas más críticos. Es imprescindible realizar estos escaneos con regularidad, según el nivel de riesgo que la organización esté dispuesta a asumir. Por ejemplo, un escaneo podría revelar una versión antigua de software en un servidor clave; corregir esa situación debería convertirse en una prioridad absoluta para prevenir ataques futuros. Estos análisis deben considerar amenazas tanto externas como internas, especialmente ante la creciente complejidad y sofisticación de las ciberamenazas.

La capacitación en conciencia de seguridad para el personal suele pasar desapercibida, pero desempeña un papel crucial en cualquier estrategia robusta. Los empleados del centro de datos —desde técnicos hasta personal administrativo— pueden representar el eslabón más débil de la cadena de seguridad. Correos de phishing, engaños ingeniosos y errores simples pueden poner en grave riesgo toda la instalación. Un buen programa de capacitación debe educar al personal sobre los diversos riesgos de seguridad y las prácticas adecuadas para mitigarlos.

Esto incluye aprender a reconocer correos fraudulentos, proteger contraseñas y seguir procedimientos correctos al manejar datos. Las sesiones periódicas refuerzan estos conocimientos y recuerdan la importancia de permanecer alerta y actuar con prudencia. Las prácticas simuladas, como intentos de phishing controlados, revelan dónde persisten vulnerabilidades en los empleados y proporcionan retroalimentación valiosa para perfeccionar la formación. Resulta inteligente adaptar el contenido a las funciones reales de cada persona: los técnicos que trabajan con servidores pueden centrarse en el manejo seguro del equipamiento, mientras que el personal administrativo puede enfatizar la protección de información confidencial y el cumplimiento normativo. Todo el proceso de capacitación debe registrarse con precisión, documentando quién ha completado cada módulo y quién aún debe hacerlo.

Además, la adopción de otras prácticas recomendadas puede elevar aún más la seguridad del centro de datos. Contar con un plan sólido de respuesta a incidentes de seguridad resulta indispensable. Este plan debe detallar con exactitud qué hacer en caso de que ocurra algo: cómo contenerlo, investigarlo y resolverlo. El equipo debe realizar simulacros frecuentes para verificar la efectividad del plan y asegurar que todos conozcan su rol. Esto puede incluir pruebas de ataques simulados para evaluar la respuesta del equipo y extraer lecciones de los resultados.

La gestión eficaz de proveedores externos también reviste gran importancia. Los centros de datos suelen depender de terceros que requieren acceso a sistemas o a la propia instalación. Un buen programa de gestión de proveedores garantiza que estas personas cumplan todos los protocolos de seguridad. Es esencial realizar verificaciones exhaustivas de antecedentes y supervisar de cerca sus actividades mientras se encuentran en el edificio o utilizan cualquier sistema. Asimismo, implementar la autenticación multifactor en todos los puntos de entrada y sistemas ayuda a bloquear accesos no autorizados, incluso si un atacante logra obtener una contraseña.

Mantener registros limpios y actualizados contribuye de manera significativa a preservar la seguridad. Esto incluye documentar todas las políticas, procedimientos y configuraciones relacionadas con la seguridad. Un sistema organizado de documentación asegura que el equipo siga las normas y facilita la resolución rápida de problemas. Estos documentos deben permanecer accesibles y revisarse periódicamente para garantizar su precisión, especialmente cuando cambian las circunstancias o surgen nuevas amenazas. La capacitación en seguridad también debe actualizarse con las amenazas más recientes y las mejores prácticas actuales. Construir una cultura de seguridad sólida va más allá de cumplir formalidades: implica lograr que todas las personas del centro valoren la protección y la tomen en serio. Compartir riesgos y mejores prácticas debe ocurrir con frecuencia mediante boletines, conversaciones en equipo o módulos en línea. Resulta igualmente importante fomentar un ambiente donde las personas se sientan cómodas al reportar cualquier comportamiento extraño. Reconocer y premiar a quienes alertan sobre posibles problemas contribuye enormemente a formar un equipo más atento y seguro.

En conclusión, mantener un centro de datos protegido exige mucho más que cerraduras fuertes y buen software. Se requiere un esfuerzo constante y sostenido. Las auditorías periódicas, los escaneos rutinarios y una capacitación real y efectiva para el equipo forman la base. Implementar planes probados para emergencias, ejercer un control estricto sobre proveedores, garantizar accesos seguros, mantener un sistema de documentación sólido y cultivar una mentalidad de seguridad saludable elevan el nivel de protección. Permanecer alerta y preparado es la única forma de salvaguardar tanto el hardware como los valiosos datos. Las revisiones constantes, las actualizaciones y el trabajo en equipo constituyen las claves para mantener el centro operativo sin interrupciones, siempre un paso por delante de las amenazas que nunca dejan de acechar.

Monitoreo y Alertas de Red

El funcionamiento fluido de un centro de datos depende en gran medida de un monitoreo de red robusto y de sistemas de alertas inteligentes capaces de detectar incidencias antes de que se conviertan en problemas graves. Sin estas herramientas, incluso pequeñas irregularidades en la red pueden escalar hasta convertirse en interrupciones costosas que afectan la confianza y generan pérdidas económicas. Las redes modernas de los centros de datos son complejas, con múltiples capas que incluyen máquinas virtuales, herramientas en la nube y una amplia variedad de aplicaciones interconectadas. Por ello, se requiere mucho más que un sistema que simplemente verifique si los dispositivos están activos: se necesita una solución que comprenda realmente el rendimiento de la red, identifique puntos débiles potenciales y permita captar y corregir anomalías antes de que impacten en los servicios críticos.

Un sistema de monitoreo de red efectivo ofrece una visión clara y en tiempo real del estado de todo el equipamiento: routers, switches, servidores, almacenamiento. Recopila múltiples indicadores: uso de ancho de banda, velocidad de transmisión de datos, paquetes descartados, carga del procesador, uso de memoria e incluso lecturas de temperatura. Los parámetros a vigilar varían según la criticidad del dispositivo: un servidor que soporta una aplicación esencial merece mayor atención que uno que maneja tareas secundarias. Toda esta información debe concentrarse en un único panel de control accesible, proporcionando al equipo una perspectiva integral de la situación. Esta configuración permite identificar de inmediato cualquier comportamiento anómalo e intervenir con prontitud antes de que surjan complicaciones. La representación de métricas clave mediante alertas codificadas por color, gráficos sencillos y diagramas claros facilita la detección rápida de patrones o ralentizaciones, agilizando la resolución de problemas y reduciendo la confusión.

Para mantener el control real, es necesario combinar herramientas de hardware y software. Se puede comenzar con sistemas básicos de gestión de red, pero las soluciones más avanzadas van mucho más allá. Algunas incorporan inteligencia artificial y aprendizaje automático para anticipar fallos antes de que ocurran. Estas herramientas aprenden de datos históricos y detectan patrones que indican problemas futuros. Por ejemplo, si un servidor que normalmente registra bajo uso experimenta un pico repentino de tráfico, el sistema puede marcarlo tempranamente, permitiendo al equipo actuar antes de que afecte el rendimiento general. La selección de las herramientas adecuadas depende del tamaño y la complejidad de la instalación, del presupuesto disponible y del nivel de experiencia del equipo. Con una planificación cuidadosa, es posible implementar un sistema que cubra las necesidades reales sin generar sobrecarga. Lo fundamental es que la solución se ajuste a las exigencias específicas del centro de datos y que realmente empodere al equipo para mantenerse por delante, en lugar de abrumarlo.

La fiabilidad de la red depende en gran medida de un sistema robusto de registro centralizado y análisis de eventos. Cada dispositivo de red debe registrar eventos relevantes: errores, alertas de seguridad, cambios en la configuración. Un sistema centralizado consolida todos estos registros en un único lugar, facilitando búsquedas, comparaciones e identificación de patrones. Esto acelera enormemente el diagnóstico de las causas de un problema.

Cuando se implementa correctamente, el análisis de logs permite detectar comportamientos anómalos o tendencias que de otro modo pasarían desapercibidas, revelando información valiosa sobre la salud general de la red. Por ejemplo, si los registros muestran fallos recurrentes del mismo tipo todas las tardes, podría indicar una sobrecarga de tráfico o un problema de temporización. Contar con herramientas fiables de análisis de logs permite al equipo filtrar y examinar los datos de manera eficiente, sin perder tiempo innecesario. Así pueden identificar incidencias específicas, correlacionar eventos y determinar qué ocurrió y por qué. Esta comprensión ahorra tiempo y previene la repetición de problemas.

Junto al registro, resulta igualmente crucial disponer de un sistema de alertas bien diseñado. El equipo necesita ser notificado de inmediato cuando surge algo grave. Una configuración efectiva informa a las personas adecuadas en el momento preciso en que ocurre un evento crítico o un error. Para que funcione, las alertas deben activarse según umbrales o patrones definidos previamente, concentrándose solo en lo verdaderamente relevante. Hay que evitar la generación excesiva de notificaciones, ya que un exceso puede llevar al equipo a ignorarlas. Por ello, el sistema debe seguir reglas claras sobre qué alertas priorizar y cómo tratar las menos graves. Una solución equilibrada puede notificar a través de múltiples canales —correo electrónico, mensajes de texto, sistemas de buscapersonas— según la urgencia del incidente. Cuando las alertas llegan con demasiada frecuencia o resultan ser falsas, solo generan fatiga; por eso es esencial ajustarlas con precisión para lograr exactitud. Con el equilibrio adecuado, las alertas permiten una intervención rápida sin saturar al equipo con ruido constante.

Ejemplos reales ilustran la importancia crítica de esta configuración. Suponga que un servidor que ejecuta una aplicación clave experimenta un uso excesivo repentino de CPU. Un sistema de monitoreo sólido detectará ese pico y enviará una alerta inmediata, acompañada de detalles esenciales: ubicación del servidor, características del problema y nivel de gravedad. Con esa información, el equipo puede reiniciar el sistema, asignar recursos adicionales o investigar la causa raíz con rapidez.

Sin alertas ni seguimiento, el problema podría pasar desapercibido hasta que el servidor colapsara y arrastrara consigo servicios enteros. Otro caso: un cable de fibra se daña, interrumpiendo el acceso a múltiples servicios. Si el sistema detecta la interrupción de inmediato, enviará una alerta con información precisa —ubicación, servicios afectados— permitiendo al equipo de red llegar al sitio, reparar el cable y restaurar el servicio en poco tiempo. En cambio, si nadie lo nota hasta que los usuarios comienzan a quejarse, la resolución se retrasará y el impacto será mucho mayor.

Crear un plan efectivo de monitoreo y alertas de red requiere tiempo y planificación cuidadosa. Comience identificando qué partes de la red revisten mayor importancia. Algunos sistemas necesitan vigilancia más estrecha que otros. Establezca reglas claras sobre qué valores o cambios activarán alertas. Desarrolle pruebas que simulen problemas reales —un servidor fuera de línea, una caída de ancho de banda— para verificar el funcionamiento del sistema. Realice estas pruebas con regularidad para afinar la configuración y asegurar que no existan puntos débiles. Una buena planificación hoy evita dolores de cabeza mayores mañana.

No subestime la importancia de una documentación sólida. Registre detalladamente cómo funciona el sistema en cada uno de sus componentes: configuraciones, umbrales de alertas, procedimientos ante incidencias. Esta documentación facilita la incorporación de nuevos miembros al equipo, agiliza la resolución de problemas y permite detectar errores de configuración tempranamente. Manténgala actualizada mediante revisiones periódicas. Cada modificación en el sistema debe reflejarse en los documentos. Se trata de un registro vivo, no de una tarea puntual.

Una red que opera sin contratiempos no surge por casualidad. Exige esfuerzo constante, registros claros y una planificación inteligente para adaptarse al cambio. Cuando se implementan las herramientas adecuadas, la capacitación necesaria y una estructura bien definida, el sistema de monitoreo y alertas se convierte en el fundamento sólido que mantiene al centro de datos estable, seguro y preparado para lo que venga.

Planificación de Recuperación ante Desastres y Continuidad del Negocio

La planificación de recuperación ante desastres y continuidad del negocio no son meros documentos que se guardan en un cajón: constituyen elementos imprescindibles para cualquier centro de datos, especialmente aquellos que soportan servicios y sistemas de los que las empresas no pueden prescindir. Cuando ocurre un incidente grave —una inundación, un incendio, un ciberataque o incluso un fallo prolongado de energía—, las consecuencias pueden ser devastadoras: pérdidas económicas, daño a la reputación y paralización de las operaciones. Para evitar ese escenario, resulta esencial contar con un plan de Recuperación ante Desastres (DR) y Continuidad del Negocio (BC) claro, sólido y bien ensayado. Este plan ofrece una guía paso a paso sobre qué hacer cuando las cosas salen mal, permitiendo al equipo recuperarse con rapidez y restablecer el funcionamiento con el menor tiempo de inactividad posible.

Para construir un plan de DR y BC verdaderamente efectivo, hay que comenzar con un análisis exhaustivo de todos los riesgos potenciales. Esto implica identificar cada amenaza que pueda afectar al centro de datos, evaluar su probabilidad y estimar el impacto que podría generar. Se deben considerar todo tipo de escenarios: desde terremotos e huracanes hasta averías de equipamiento, borrados accidentales de datos, ciberataques o errores humanos. Para cada riesgo identificado, el plan debe incluir medidas preventivas inteligentes para reducir su probabilidad y procedimientos detallados de respuesta en caso de que ocurra. Esta evaluación no puede ser estática: la tecnología evoluciona, surgen nuevas amenazas y las condiciones cambian, por lo que debe revisarse y actualizarse al menos una vez al año, o antes si se producen modificaciones significativas en la infraestructura o en el equipo.

Un componente central del plan de DR son las copias de seguridad. No todas las copias son iguales: la frecuencia debe ajustarse a la criticidad de los datos. Los sistemas que soportan procesos esenciales pueden requerir respaldos cada pocos minutos o incluso réplicas en vivo en ubicaciones remotas. Otros sistemas pueden tolerar intervalos mayores. Una regla probada y efectiva es la "tres-dos-uno": mantener tres copias de los datos, en dos tipos diferentes de almacenamiento y con al menos una ubicada fuera del sitio principal. Esta estrategia asegura que, ante un fallo de hardware, un borrado accidental o un ataque, siempre exista un respaldo disponible.

Sin embargo, guardar los datos es solo la mitad del proceso: también se necesita un plan claro para recuperarlos. El plan de DR debe detallar paso a paso el procedimiento de restauración en caso de que los sistemas queden fuera de servicio: quién es responsable de cada etapa, qué herramientas se requieren y cuánto tiempo debería tomar cada fase. No basta con documentarlo: es imprescindible realizar simulacros reales que prueben todo el proceso. Estos ejercicios deben recrear diversos escenarios de fallo, incluidos los peores casos, como la pérdida total del sitio principal. El objetivo es verificar qué funciona y dónde fallan las cosas. Tras cada simulacro, analice detenidamente el desempeño del equipo: qué salió bien, qué generó retrasos. Aplique las lecciones aprendidas para perfeccionar el plan y fortalecerlo. Registre todos los ejercicios y las mejoras realizadas. Practique con regularidad, refine continuamente y asegúrese de que el plan evolucione al mismo ritmo que el centro de datos.

La redundancia de sitios desempeña un papel decisivo para garantizar la continuidad operativa ante cualquier eventualidad. Contar con un segundo centro de datos en una ubicación distinta proporciona un respaldo sólido para sistemas y aplicaciones críticas. Si un desastre inutiliza el sitio principal, el secundario puede asumir la carga y mantener las operaciones en marcha. La elección del lugar resulta crucial: debe evitarse la coincidencia de riesgos, por lo que no conviene ubicar ambos en la misma zona inundable o sísmica. El tipo de redundancia depende del tiempo de inactividad que el negocio pueda tolerar.

Un sitio caliente está completamente equipado y listo para operar de inmediato, aunque su mantenimiento resulta costoso. Un sitio frío, con la infraestructura básica, es más económico pero requiere más tiempo para activarse. Un sitio tibio se sitúa en un punto intermedio: parcialmente preparado, menos oneroso que el caliente y más rápido que el frío. La decisión final depende del presupuesto, la tolerancia al riesgo y el tiempo de recuperación aceptable. Es fundamental mantener documentación precisa del sitio secundario: sus capacidades, procedimientos de acceso y contactos de emergencia.

La implementación de un plan sólido de recuperación ante desastres exige la colaboración estrecha de diversos equipos: no solo TI, sino también instalaciones, seguridad y los departamentos de negocio que dependen del centro de datos. Cada persona debe conocer su rol y las acciones que le corresponden cuando se active el plan. Se requieren canales de comunicación claros, responsabilidades bien definidas y una coordinación efectiva entre todas las áreas para garantizar una respuesta fluida.

Mantener la preparación implica también una comunicación constante y una capacitación actualizada. El equipo debe permanecer alerta y todos los involucrados han de saber qué esperar en una emergencia. La comunicación con partes externas —clientes, socios, reguladores— resulta igualmente importante. Proporcionar actualizaciones claras y oportunas ayuda a gestionar expectativas, evitar confusiones y proteger la reputación durante una crisis.

Los simulacros de recuperación ante desastres van más allá de probar el equipamiento: evalúan a las personas y al proceso completo. Estos ejercicios deben recrear problemas reales, desde fallos puntuales como la caída de un servidor hasta desastres totales que afecten todo el sitio. Realícelos con frecuencia e incluya cada etapa: desde la primera alerta hasta la restauración completa del servicio. El propósito no es solo confirmar que el plan funciona, sino detectar carencias y corregirlas. Tras cada simulacro, analice lo que salió bien y lo que falló —tanto aspectos técnicos como de comunicación—. Documente todo, actualice el plan y perfecciónelo continuamente para que permanezca siempre listo para cualquier eventualidad.

El plan debe detallar también cómo proteger los datos durante un desastre. Incluya procedimientos claros para bloquear accesos, impedir intrusiones y garantizar la integridad y confidencialidad de la información. Esto abarca el uso de cifrado, reglas estrictas de acceso y protocolos seguros de limpieza. Ante un ciberataque, el plan debe especificar cómo contener la amenaza, recuperar los sistemas y realizar una revisión posterior para identificar fallos. No olvide el cumplimiento normativo: asegúrese de que el plan se alinee con las leyes de protección de datos antes, durante y después de cualquier incidente.

Pero la recuperación es solo una parte. Un buen plan también garantiza que el negocio siga funcionando mientras se realizan las reparaciones. Esto puede implicar habilitar el trabajo remoto, trasladar personal a otro sitio o reasignar tareas. Estas medidas mantienen operativas las funciones esenciales incluso cuando el sitio principal está inactivo. El plan debe incluir además estrategias para mantener la comunicación con clientes y otras partes durante la crisis. Las actualizaciones regulares y transparentes generan confianza y evitan pánico o malentendidos.

En última instancia, la comunicación y el trabajo en equipo determinan el éxito de la recuperación ante desastres y la continuidad del negocio. No se trata de establecer un plan y olvidarlo. Mantenga el diálogo abierto: dentro del equipo, con proveedores y con clientes. Mantenga a todos informados y comprometidos. Esta comunicación fluida, honesta y constante fomenta la confianza, previene errores y facilita la colaboración en momentos difíciles.

Un enfoque bien planificado, probado y documentado no elimina todos los riesgos, pero ofrece la mejor oportunidad de permanecer operativo, proteger al equipo y seguir atendiendo a los clientes sin interrupciones graves —incluso en medio de una crisis—.

Establecimiento de Acuerdos de Nivel de Servicio (SLA) Claros

La creación de Acuerdos de Nivel de Servicio (SLA) claros y detallados constituye uno de los pasos más críticos para gestionar eficazmente las relaciones con los inquilinos en un centro de datos. Estos acuerdos forman la base de la comprensión mutua entre el proveedor y sus inquilinos, delimitando expectativas, definiendo responsabilidades y garantizando la rendición de cuentas por ambas partes. Un SLA sólido genera confianza, previene disputas y mantiene las operaciones fluidas para todos los involucrados. Descuidar este aspecto esencial puede derivar en confusiones, fallos en el servicio y, en los casos más graves, complicaciones legales.

Todo comienza con una comprensión profunda de las necesidades reales del inquilino. Esto implica mantener conversaciones abiertas y honestas: no se trata solo de preguntar qué hardware desean, sino de conocer cómo funciona su negocio, cuánto tiempo de inactividad pueden tolerar y qué impacto tendría una interrupción. Una empresa dedicada al trading financiero en tiempo real exige un SLA mucho más estricto que un pequeño comercio electrónico. El equipo del centro de datos debe escuchar con atención y profundizar en los detalles para adaptar el acuerdo a los requerimientos específicos de cada inquilino. Ningún negocio es idéntico a otro, por lo que ningún SLA debería serlo. Este proceso alinea a ambas partes desde el inicio y evita expectativas desajustadas más adelante.

Una vez claras las necesidades del inquilino, estas deben traducirse en compromisos precisos y medibles. Los SLA efectivos siguen el marco SMART: específicos, medibles, alcanzables, relevantes y con plazos definidos. Promesas vagas como "excelente disponibilidad" resultan insuficientes. En su lugar, deben definirse compromisos concretos, por ejemplo "99.9 % de tiempo de actividad", junto con una definición clara de qué cuenta como inactividad —ya sea una pérdida total del servicio o una degradación prolongada del rendimiento—. Incluya Indicadores Clave de Desempeño (KPI) e Indicadores Críticos de Desempeño (CPI), como latencia de red, límites de ancho de banda y capacidad de respuesta del almacenamiento. Estas métricas deben monitorearse mediante herramientas transparentes y estandarizadas, permitiendo a ambas partes verificar el cumplimiento y preservar la confianza. Adoptar estándares de la industria reduce la ambigüedad y refuerza la exigibilidad del acuerdo.

Los tiempos de respuesta del soporte también deben detallarse con precisión en el SLA. Distintos tipos de incidencias requieren niveles de urgencia diferentes. Por ejemplo, una interrupción grave del sistema podría exigir respuesta en 15 minutos, mientras que un problema menor podría tolerar unas horas. El acuerdo debe explicar además cómo se escala el asunto a niveles superiores si el equipo inicial no logra resolverlo con rapidez. Todos deben saber quién gestiona la incidencia y qué sucede si no se resuelve de inmediato. Es igualmente importante acordar los canales de comunicación —correo electrónico, teléfono o sistema de tickets— y establecer plazos claros para cada uno, de modo que el inquilino sepa cuándo esperar una respuesta.

Otro elemento clave del SLA es la definición de lo que ocurre cuando no se cumplen los niveles acordados. El acuerdo debe incluir un esquema transparente de créditos por servicio o compensaciones. Esta sección debe ser directa y sin ambigüedades. Por ejemplo, si el tiempo de actividad cae por debajo del umbral pactado, el contrato podría estipular un reembolso proporcional de la tarifa mensual por cada hora de interrupción. Este mecanismo demuestra que el centro de datos respalda sus compromisos y asume responsabilidad en caso de incumplimiento. Definir con claridad cómo se calculan los créditos evita disputas y fomenta relaciones sólidas y duraderas.

Más allá de los aspectos centrales como disponibilidad, rendimiento y soporte, un SLA robusto debe incorporar otros detalles relevantes para las operaciones diarias del inquilino. Esto incluye el acceso a las instalaciones, los procedimientos para solicitar modificaciones en la infraestructura y las condiciones para el manejo de mantenimientos y actualizaciones. Los mantenimientos programados deben seguir un calendario preestablecido, y el SLA debe detallar cómo y cuándo se notificará con antelación a los inquilinos. El objetivo es proporcionar aviso suficiente para evitar impactos en su negocio. El acuerdo también debe explicar el proceso para solicitar cambios en los sistemas: quién los aprueba, cuánto tiempo toma y qué costos podrían implicarse. Cubrir estos aspectos menores mantiene todo organizado y facilita una colaboración fluida entre el centro de datos y quienes lo utilizan, generando una experiencia más positiva para ambas partes.

La elaboración y aprobación del SLA debe ser un esfuerzo colaborativo entre el proveedor y el inquilino. Este proceso de ida y vuelta asegura que el acuerdo refleje fielmente las expectativas de ambos y reduce la probabilidad de desacuerdos futuros. A medida que el negocio del inquilino evoluciona o cambia la tecnología que emplea, el SLA debe adaptarse. Por ello, debe revisarse y actualizarse periódicamente —trimestral o anualmente, según la complejidad de los servicios—. Estas revisiones permiten evaluar el desempeño y resolver incidencias menores antes de que escalen.

Una vez acordado por ambas partes, el SLA se convierte en un documento legalmente vinculante. Debe establecer con claridad las responsabilidades de cada lado y los compromisos asumidos. Todas las personas que necesiten acceder al acuerdo deben poder consultarlo fácilmente, y las partes correspondientes deben firmarlo. Recurrir a asesoría legal durante la redacción o revisión del SLA resulta siempre recomendable. Así se garantiza que los términos sean justos y que el documento proteja tanto al inquilino como al proveedor. Este enfoque cuidadoso genera confianza y fortalece la fiabilidad del SLA, minimizando malentendidos y conflictos potenciales.

El SLA también debe incluir un procedimiento claro para resolver disputas. Si surge un problema, deben existir pasos específicos: desde contactar al soporte, escalar al nivel superior si es necesario, hasta involucrar asistencia legal o un tercero neutral. Contar con un proceso documentado asegura que las incidencias menores se aborden con prontitud y equidad, sin escalar a conflictos mayores. Demuestra además que ambas partes valoran la relación y comprenden que los problemas pueden resolverse sin necesidad de llegar a extremos.

Por supuesto, un buen SLA no consiste solo en una serie de promesas plasmadas en papel. Debe existir un mecanismo real para verificar si esos compromisos se están cumpliendo. Aquí entran en juego herramientas adecuadas de monitoreo y generación de informes. Estas herramientas deben alinearse con las métricas de desempeño establecidas en el SLA, rastreándolas en tiempo real y produciendo reportes comprensibles para ambas partes, sin necesidad de conocimientos técnicos avanzados. Recibir informes periódicos permite tanto al inquilino como al proveedor anticiparse a cualquier desviación. Si algo comienza a fallar, pueden detectarlo a tiempo y corregirlo antes de que derive en una incidencia grave. Estos reportes también revelan patrones a largo plazo que facilitan mejoras continuas en el rendimiento. Un sistema claro de seguimiento y optimización del servicio aporta valor real al acuerdo y asegura que este siga siendo útil y vigente.

La comunicación efectiva constituye el corazón de un SLA sólido. Es lo que mantiene al proveedor del centro de datos y al inquilino alineados, permitiendo que todo funcione sin fricciones. Las actualizaciones regulares resultan esenciales: deben incluir información sobre el desempeño del servicio, mantenimientos programados y cualquier problema o evento inusual que pueda afectar al inquilino. Cuando ambas partes comparten información de manera abierta y clara, se fortalece la confianza y se evitan malentendidos. Esta práctica también consolida y enriquece la relación laboral a lo largo del tiempo, haciéndola más productiva y efectiva. Estas actualizaciones pueden realizarse en reuniones de revisión programadas, mediante correos electrónicos periódicos o a través de un portal en línea compartido donde ambas partes consulten los detalles relevantes. Ser transparente y oportuno en la comunicación ayuda a identificar incidencias menores antes de que escalen, manteniendo la relación entre ambas partes fluida y estable.

En conclusión, un Acuerdo de Nivel de Servicio (SLA) claro y equitativo representa uno de los aspectos más importantes para mantener satisfechos a los inquilinos y garantizar el funcionamiento sin interrupciones en un centro de datos. Elaborar un SLA requiere tiempo y colaboración. Tanto el proveedor como el inquilino deben participar activamente desde el principio. Una planificación cuidadosa, un diálogo abierto y un trabajo conjunto aseguran que el acuerdo final responda a las necesidades reales del negocio del inquilino y refleje el compromiso del proveedor por ofrecer un servicio confiable. Sin embargo, la labor no termina con la firma del documento. Mantenerlo vivo mediante seguimiento continuo, reportes detallados y comunicación permanente resulta tan crucial como su redacción inicial. Estos pasos garantizan que el acuerdo siga siendo relevante y se cumpla fielmente. Cuando se adoptan estos hábitos sólidos, ambas partes salen beneficiadas: el inquilino recibe un servicio confiable y el proveedor gana confianza y lealtad a largo plazo. Siguiendo estas prácticas recomendadas, sencillas pero efectivas, los operadores de centros de datos pueden forjar alianzas sólidas y duraderas con sus inquilinos, centradas en la fiabilidad, los objetivos compartidos y un desempeño constante por parte de ambas partes.

Protocolos de Comunicación e Informes

Una comunicación clara y abierta mantiene el funcionamiento fluido de un centro de datos, especialmente cuando se trabaja con varios inquilinos que tienen necesidades y expectativas distintas. No se trata solo de reaccionar ante emergencias, sino de contar con un plan sólido y directo que mantenga a todos informados, conectados y alineados. Esto implica establecer procedimientos claros, compartir actualizaciones sobre el desempeño de los sistemas, planes de mantenimiento, interrupciones programadas y cualquier incidencia imprevista que pueda surgir.

En el núcleo se encuentra un plan de comunicación bien estructurado. Este debe detallar los canales a utilizar, la frecuencia de las actualizaciones y quién es responsable de enviar cada tipo de mensaje. Debe especificar con precisión cómo manejar distintos niveles de comunicación, garantizando que las alertas importantes lleguen siempre a las personas adecuadas en el momento preciso. Por ejemplo, ante una caída grave del sistema, una llamada telefónica rápida, un mensaje de texto o un correo electrónico deben enviarse de inmediato. Para asuntos menos urgentes, como un mantenimiento próximo, un correo electrónico o una notificación a través del portal del inquilino suelen ser suficientes.

Un portal para inquilinos bien diseñado contribuye enormemente a agilizar las operaciones. Ofrece un único punto de acceso donde los inquilinos encuentran toda la información relevante: estadísticas de desempeño, calendarios de mantenimiento, formularios para solicitudes y actualizaciones sobre incidencias. También puede alojar documentos clave como acuerdos de servicio, guías de usuario y datos de contacto. Funcionalidades como alertas automáticas para problemas urgentes, seguimiento de solicitudes y un sistema sencillo de tickets mejoran la comunicación, haciéndola más clara y efectiva para todas las partes involucradas.

Puede resultar útil incorporar una base de conocimientos dentro del portal. Esta responde preguntas frecuentes, guía a los inquilinos en tareas básicas y reduce la necesidad de consultas repetitivas. Así se ahorra tiempo a todos y la comunicación se centra en los asuntos que realmente requieren atención.

La periodicidad de las actualizaciones debe adaptarse a las necesidades de cada inquilino y al tipo de servicio que utilizan. Algunos podrían requerir informes diarios, mientras que otros se conformarían con uno semanal o mensual.

Una empresa dedicada al trading de datos en tiempo real probablemente prefiera actualizaciones en vivo, tal vez incluso mediante conexiones directas o flujos de datos personalizados. En cambio, una compañía de alojamiento podría aceptar actualizaciones menos frecuentes siempre que sean confiables. Independientemente de la frecuencia, los informes deben ser claros, fáciles de leer y siempre accesibles. El uso de elementos visuales —gráficos, diagramas o tablas— facilita la comprensión de los datos y los hace más útiles.

Estos informes deben incluir con claridad los Indicadores Clave de Desempeño (KPI) e Indicadores Críticos de Desempeño (CPI) más relevantes para cada inquilino, según lo estipulado en su acuerdo. Pueden abarcar factores como tiempo de actividad, latencia de red, ancho de banda disponible, velocidad de almacenamiento, Efectividad en el Uso de Energía (PUE) y niveles de temperatura y humedad en el espacio. Mostrar el historial de estas métricas, no solo los valores actuales, permite a los inquilinos detectar patrones, identificar problemas tempranamente y evitar sorpresas. También les ayuda a tomar decisiones más acertadas sobre necesidades futuras. Los informes deben destacar además cualquier mantenimiento próximo. Proporcionar aviso anticipado permite a los inquilinos planificar y evitar inconvenientes de última hora. Cuando la comunicación es clara y temprana, los inquilinos saben que pueden confiar en el equipo del centro de datos. Esa confianza se construye con el tiempo y resulta decisiva.

Más allá de los informes regulares, el equipo debe anticiparse cuando surge algo inesperado. Es imprescindible contar con un sistema robusto para gestionar incidencias que identifique, analice y resuelva cualquier problema de servicio con rapidez y eficacia. Este sistema debe integrarse fluidamente con el plan de comunicación general, garantizando que los inquilinos reciban actualizaciones inmediatas. Deben conocer qué ocurrió, qué se está haciendo para corregirlo y cuándo se espera restablecer la normalidad.

Mantenga los mensajes simples y directos. Evite tecnicismos confusos y céntrese en lo que la incidencia significa para la operación del inquilino.

Aunque el avance sea lento, una breve actualización resulta preferible al silencio. El silencio genera ansiedad, y eso nunca es positivo.

La comunicación abierta funciona mejor cuando fluye en ambas direcciones. Establecer revisiones periódicas —presenciales o por videollamada— brinda la oportunidad de plantear dudas, discutir preocupaciones y evaluar el plan. Estas reuniones no deben limitarse a resolver problemas: también sirven para compartir recomendaciones útiles, analizar necesidades futuras y fortalecer la relación de trabajo.

El empleo de diversos canales de comunicación incrementa su efectividad general. Esto incluye mensajes de texto, correos electrónicos, llamadas telefónicas, el portal del inquilino e incluso redes sociales para actualizaciones no urgentes. Elija el medio según la situación y las preferencias del inquilino. Para mensajes críticos, utilice múltiples canales para asegurar que el aviso llegue.

Seleccionar y utilizar las herramientas de comunicación adecuadas reviste gran importancia. Estas deben ser confiables, fáciles de usar y capaces de evolucionar junto con las necesidades cambiantes del centro de datos y sus inquilinos. Si las herramientas resultan incómodas o fallan con frecuencia, solo generan retrasos y frustración. Considere invertir en sistemas avanzados de monitoreo y alertas que envíen notificaciones y reportes automáticos cuando se superen ciertos umbrales. Estos sistemas deben integrarse perfectamente con el portal del inquilino para garantizar un funcionamiento fluido y sin omisiones.

Implementar un sistema robusto de tickets también mejora significativamente la gestión de incidencias. Con una plataforma compartida, todos pueden seguir el estado de cada solicitud: quién la está atendiendo, qué se ha hecho hasta el momento y qué queda pendiente. Esta transparencia genera confianza, ya que demuestra que nada se pierde en el proceso. Además, revisar tickets anteriores permite identificar patrones, detectar problemas recurrentes y mejorar los procedimientos.

Mantener registros claros y detallados resulta igualmente esencial. Toda comunicación —correos, alertas, notas de reuniones, tickets de soporte— debe archivarse en un lugar organizado. Esto no solo ayuda a resolver posibles desacuerdos futuros, sino que también revela qué funciona bien y qué requiere ajustes. Contar con todo documentado mantiene a todos alineados y evita suposiciones o errores. Un archivo sólido ofrece además una perspectiva clara de cómo han evolucionado las cosas y qué se ha aprendido con el tiempo.

Resulta inteligente evaluar periódicamente la efectividad del plan de comunicación. Pregunte a inquilinos y personal qué funciona bien y dónde sienten que algo falla. Encuestas, formularios de retroalimentación o conversaciones breves pueden revelar mucho. Utilice esa información para refinar el plan y mejorarlo continuamente. Cuando el sistema de comunicación se adapta a las necesidades reales de las personas, toda la operación fluye mejor, se siente más sencilla y fortalece los vínculos con los inquilinos que dependen de ella cada día.

Atención a Incidencias y Preocupaciones de los Inquilinos

Gestionar eficazmente a los inquilinos exige mucho más que una buena comunicación: requiere también un plan claro para abordar problemas y preocupaciones cuando surgen. Las incidencias son inevitables, ya sean molestias menores o interrupciones mayores, por lo que resulta crucial resolverlas con rapidez y eficiencia. Hacerlo correctamente mantiene a los inquilinos satisfechos y protege la reputación del centro de datos como un proveedor confiable y profesional. Todo comienza con procedimientos sencillos y fáciles de seguir para recibir, clasificar y resolver las inquietudes de los inquilinos desde el inicio hasta la conclusión.

Un sistema robusto de tickets desempeña un papel fundamental. Los inquilinos deben poder registrar incidencias sin complicaciones, seguir las actualizaciones con facilidad y conocer en todo momento el estado de su solicitud. El sistema debe enrutar automáticamente los tickets al equipo correspondiente según el tipo de problema, evitando que nada quede en el olvido. Los tiempos de respuesta deben ajustarse a la gravedad de la incidencia: una interrupción mayor que afecte las operaciones del inquilino exige atención inmediata, mientras que asuntos menos urgentes pueden tolerar plazos más amplios. Contar con acuerdos de servicio claros que establezcan plazos para respuestas y soluciones mantiene expectativas realistas y equitativas, al tiempo que refuerza la rendición de cuentas por ambas partes. Paneles en tiempo real y reportes facilitan el seguimiento del progreso y permiten detectar áreas problemáticas antes de que se agraven. Esta visibilidad otorga mayor control a todos y eleva tanto la velocidad como la calidad del soporte.

Cuando un ticket no se resuelve de inmediato, la incidencia debe seguir una ruta de escalamiento bien definida. Por ejemplo, el equipo de primera línea puede atender problemas básicos de conectividad, pero una falla grave de energía requiere escalar a ingenieros senior o líderes de instalaciones. Cada etapa del proceso debe estar documentada con precisión, asignando responsables específicos. Deben existir instrucciones claras sobre quién recibe notificación, cómo se contacta y en qué momento. Revisar periódicamente este proceso permite identificar qué funciona y corregir lo que no.

Resolver conflictos de manera adecuada resulta igual de importante. El objetivo debe ser siempre escuchar con atención, mantener la calma y colaborar para encontrar soluciones justas que beneficien a ambas partes. Culpar no resuelve nada. En cambio, los equipos deben centrarse en comprender la causa del problema y en cómo evitar su repetición. En casos complejos, involucrar a un tercero neutral puede resultar útil. Mantenga registros detallados de estas situaciones, incluyendo cada paso dado y los acuerdos alcanzados. Estas notas aclaran confusiones posteriores y orientan mejoras en el manejo de incidencias futuras.

Detectar problemas antes de que se conviertan en incidencias reales constituye una de las formas más efectivas de reducir tanto el número como la gravedad de las quejas de los inquilinos. Anticiparse exige revisiones sistemáticas de los sistemas, una planificación rigurosa del mantenimiento y un enfoque firme en la prevención. Por ejemplo, monitorear de cerca indicadores clave como la Efectividad en el Uso de Energía (PUE) puede revelar señales tempranas de fallos en el sistema de enfriamiento, dando tiempo al equipo para intervenir antes de que afecte a los inquilinos. Inspecciones rutinarias del entorno físico —cables, hardware, flujo de aire y demás— también permiten captar anomalías pequeñas antes de que escalen. Estas acciones constantes y sencillas demuestran que el equipo del centro de datos toma en serio la calidad y generan confianza genuina en quienes dependen de él.

La capacitación del personal resulta insustituible para resolver incidencias de manera efectiva. No se trata solo de conocer el funcionamiento del equipamiento: el equipo necesita también habilidades sólidas de comunicación, paciencia y capacidad para manejar conflictos con serenidad y confianza. Las sesiones de formación deben incluir técnicas para escuchar activamente, explicar conceptos con claridad, mantener la calma en situaciones difíciles y resolver problemas sin agravarlos. Realizar cursos de actualización periódicos y ofrecer oportunidades de desarrollo profesional asegura que el equipo permanezca ágil y preparado para cualquier eventualidad.

El empleo de la tecnología adecuada marca una diferencia significativa. Sistemas de monitoreo que rastrean el desempeño en tiempo real permiten al equipo visualizar lo que ocurre y responder de inmediato ante cualquier anomalía. Estas herramientas pueden generar alertas en el momento en que se superan ciertos umbrales, otorgando tiempo para actuar con prontitud.

El análisis avanzado revela además tendencias a largo plazo, facilitando una planificación más efectiva y la prevención de problemas recurrentes. Cuando se utilizan correctamente, estos sistemas mantienen el funcionamiento fluido y evitan que incidencias menores escalen a mayores.

Sin embargo, la tecnología por sí sola no basta. Escuchar a los inquilinos de forma regular resulta igual de importante. Realizar encuestas, sesiones de retroalimentación o simplemente formular las preguntas adecuadas durante revisiones periódicas ofrece una imagen clara de qué funciona y qué requiere ajustes. La retroalimentación honesta demuestra que las opiniones de los inquilinos importan. Actuar con rapidez y transparencia ante lo que expresan genera una impresión poderosa de que el equipo del centro de datos se compromete genuinamente con la mejora continua.

Fomentar una cultura en la que la resolución temprana de problemas y la colaboración formen parte de la rutina diaria fortalece todo el sistema. Otorgue al equipo la autonomía y la confianza necesarias para abordar incidencias conforme surjan, y anímelos a buscar soluciones creativas. Establezca reuniones regulares o sesiones de intercambio de conocimientos donde todos puedan discutir qué funciona bien y dónde hay margen de mejora. Cuando el equipo trabaja unido, aprende unos de otros y recibe reconocimiento por su esfuerzo, la calidad del servicio solo puede elevarse.

En última instancia, atender las incidencias y preocupaciones de los inquilinos no se reduce a reparar lo que falla: se trata de construir relaciones sólidas y duraderas mediante acciones concretas, comunicación efectiva y confianza mutua. Un proceso claro y bien respaldado —con las herramientas adecuadas, un equipo capacitado y un compromiso genuino por escuchar y responder— hace que los inquilinos se sientan valorados. Esa confianza los retiene por más tiempo, fortalece la reputación y sostiene un crecimiento estable del negocio. Revisar con frecuencia, ajustar cuando sea necesario y priorizar siempre a las personas mantiene la estrategia vigente y efectiva, independientemente de cómo evolucione el panorama de los centros de datos.

Incorporación y Retiro de Inquilinos

Las transiciones fluidas —ya sea la bienvenida a un nuevo inquilino o la gestión de su salida— resultan esenciales para el funcionamiento exitoso de un centro de datos. Tanto la incorporación como el retiro requieren una planificación cuidadosa, procesos estructurados y una comunicación constante para evitar interrupciones y garantizar una experiencia impecable para los inquilinos. La incorporación debe comenzar mucho antes de que el nuevo inquilino pise las instalaciones. Inicia con una conversación detallada para determinar con precisión sus necesidades: requerimientos de potencia, conectividad a internet, demandas de enfriamiento y cualquier solicitud específica de infraestructura, como pisos elevados o configuraciones personalizadas de gabinetes. Recabar estos datos con antelación permite al equipo del centro de datos preparar el espacio adecuadamente y evitar cambios costosos o demoras de última hora.

Una vez definidas las necesidades, el siguiente paso consiste en redactar un Acuerdo de Nivel de Servicio (SLA) personalizado y claro. Este documento establece las responsabilidades mutuas y las expectativas —incluyendo objetivos de tiempo de actividad, requisitos de potencia y enfriamiento, estándares de seguridad y las consecuencias en caso de incumplimiento—. Debe ser específico y dejar el menor margen posible para interpretaciones ambiguas. Incluya sanciones por no cumplir los objetivos y mecanismos justos para resolver disputas. Tras la aprobación y firma de ambas partes, elabore un plan de proyecto completo que guíe la preparación del espacio del inquilino. Este plan debe detallar plazos, hitos clave, responsables de cada tarea y planes de contingencia para imprevistos. Programe reuniones periódicas de seguimiento para mantener el rumbo y resolver rápidamente cualquier obstáculo que surja.

La preparación física del espacio constituye una de las fases más críticas de la incorporación. Esto puede implicar tendido de cables, instalación de PDUs, montaje de racks o modificaciones en la distribución. Cada sistema —energía, enfriamiento, red y seguridad— debe someterse a pruebas exhaustivas para verificar su correcto funcionamiento. Registre minuciosamente los resultados de estas pruebas para demostrar que la configuración cumple con el SLA y sigue las mejores prácticas. Antes del día de la mudanza, realice un recorrido conjunto con el inquilino para corregir cualquier inquietud final y asegurar su plena satisfacción con lo realizado.

Cuando el espacio esté listo, coordine minuciosamente la mudanza con el inquilino. Establezca un cronograma claro, asigne ventanas de tiempo para la instalación y asegúrese de que todos conozcan los pasos involucrados. El equipo del centro de datos debe estar presente durante el proceso para asistir en lo que sea necesario. Este apoyo directo previene retrasos y reduce la tensión para todas las partes. Una vez instalado el inquilino, realice un seguimiento inmediato: mantenga personal disponible para responder preguntas y resolver cualquier inconveniente menor que surja. Esta atención personalizada desde el primer día demuestra el compromiso del centro de datos por garantizar un funcionamiento sin contratiempos.

Un proceso de retiro bien gestionado importa tanto como una incorporación exitosa. Cuando se ejecuta correctamente, protege tanto las operaciones del centro de datos como el negocio del inquilino de interrupciones innecesarias. Para lograrlo, el proceso debe iniciarse con varios meses de antelación a la fecha prevista de salida. El primer paso es sencillo: el inquilino comunica formalmente su fecha de retiro. A partir de ahí, el equipo del centro de datos puede organizar la transición y asignar los recursos adecuados para cada etapa.

A continuación, elabore un plan detallado de desmantelamiento. Este plan debe detallar cada paso necesario para desconectar y retirar el equipamiento del inquilino, despejar el espacio y dejarlo listo para el siguiente ocupante. Incluya un cronograma preciso, defina responsables por tarea y contemple riesgos que puedan generar demoras. Un plan bien pensado ahorra tiempo, evita confusiones y establece expectativas claras para todas las partes.

El plan debe abarcar todos los aspectos de la infraestructura: desde el apagado seguro de la alimentación y las conexiones de red hasta la desconexión de los sistemas de enfriamiento. La documentación cuidadosa resulta clave: registre cada tarea —desde el retiro de cables hasta la extracción de racks— y utilice listas de verificación para garantizar que nada se pase por alto. Mantenga revisiones periódicas con el inquilino para seguir el avance y resolver cualquier incidencia de manera temprana. Antes de dar por concluido el proceso, realice un recorrido final conjunto con el inquilino. Este paso confirma que todo el equipamiento ha sido retirado, que el espacio ha vuelto a su condición original (o a la acordada en el SLA) y que no queda nada que pueda representar riesgos de seguridad o demoras para el siguiente inquilino.

A lo largo de todo el proceso, la comunicación clara y constante resulta imprescindible. El inquilino debe recibir actualizaciones regulares sobre el progreso, y cualquier incidencia que surja debe abordarse con prontitud. Al finalizar, el centro de datos debe entregar un informe completo que resuma todo: qué se retiró, cargos finales pendientes y cualquier punto abierto. Este documento protege a ambas partes y mantiene un registro sólido en caso de futuras consultas. El equipo también debe asegurarse de que cualquier dato restante se respalde y transfiera de manera segura al nuevo entorno del inquilino, siguiendo estrictamente los protocolos de seguridad acordados. El personal involucrado debe comprender y cumplir sin excepciones las normas de privacidad de datos.

Gestionar de manera efectiva la incorporación y el retiro requiere más que listas de verificación: exige herramientas adecuadas. Un sistema sólido de Gestión de Relaciones con Clientes (CRM) facilita una comunicación fluida y organizada. Permite rastrear solicitudes, plazos y responsabilidades. Cuando se integra con herramientas de órdenes de trabajo y sistemas de inventario, mantiene todo conectado y fácil de administrar. El software de gestión de proyectos también desempeña un rol clave: asigna tareas, establece prioridades y sigue el avance, permitiendo que todos los involucrados permanezcan sincronizados.

El uso de plantillas digitales y listas de verificación reduce significativamente los errores. Garantizan consistencia en cada proceso y minimizan la necesidad de idas y venidas. Recordatorios y alertas automáticas mantienen a todos al tanto de los plazos y señalan problemas tempranamente, antes de que se agraven. Estas herramientas no solo simplifican el trabajo: también generan datos valiosos para identificar cuellos de botella, perfeccionar procesos futuros y elevar la calidad general del servicio.

Revisar estos datos con regularidad resulta fundamental. El equipo debe analizar qué funcionó, dónde ocurrieron retrasos y qué podría mejorarse. Esta revisión periódica mantiene al centro de datos flexible y en constante evolución. Al identificar tendencias, resolver obstrucciones y mantenerse abierto al cambio, el equipo incrementa sus probabilidades de lograr procesos de incorporación y retiro impecables en cada ocasión.

Tanto la incorporación como el retiro demandan atención al detalle, ejecución disciplinada y una mentalidad proactiva. Con pasos claramente definidos, herramientas confiables y una comunicación abierta, el centro de datos puede ofrecer experiencias consistentes y de alta calidad a sus inquilinos. Más allá de evitar interrupciones, un proceso de transición estructurado fortalece la reputación, incrementa la satisfacción del cliente y consolida la solidez operativa a largo plazo.

Construcción y Mantenimiento de Relaciones con los Inquilinos

Las relaciones sólidas con los inquilinos constituyen uno de los pilares fundamentales para el éxito a largo plazo de cualquier centro de datos. No se trata únicamente de ofrecer espacio en racks y conectividad: se trata de forjar una verdadera alianza basada en la confianza, la comunicación honesta y el respeto mutuo. Para cultivar ese tipo de vínculo, el equipo del centro de datos debe anticiparse a las necesidades de los inquilinos, responder con prontitud a sus inquietudes y buscar constantemente formas de aportar valor en cada interacción. Esto implica tomar la iniciativa antes de que surjan problemas, no limitarse a reaccionar una vez que ya han aparecido.

La comunicación resulta más efectiva cuando es constante y proactiva. En lugar de esperar a que algo falle, el equipo debería compartir con regularidad información útil con los inquilinos. Un boletín mensual puede ser un excelente vehículo para ello. Podría incluir novedades sobre actualizaciones de sistemas, mantenimientos próximos o cualquier modificación que pueda afectarles.

Para mantener el interés, incorpore consejos prácticos sobre cómo mejorar la seguridad o ahorrar energía, junto con actualizaciones sobre eventos relevantes de la industria. Mantenga un diseño limpio, un lenguaje sencillo y contenidos pertinentes. El objetivo es informar sin abrumar. En ocasiones pueden necesitarse comunicaciones adicionales si ocurre algo importante, pero el ritmo regular de un boletín mensual suele ser suficiente para la mayoría.

Las reuniones presenciales o virtuales trimestrales permiten profundizar en los temas. Estos encuentros dan oportunidad a los inquilinos de plantear preguntas, ofrecer retroalimentación y conocer los planes futuros del centro de datos. También constituyen un buen momento para presentar a nuevos miembros del equipo, celebrar logros o explicar cambios en los servicios. Los espacios abiertos para diálogo dentro de estas reuniones otorgan voz a los inquilinos y ayudan a moldear mejoras reales. Transforman la retroalimentación en acciones concretas y demuestran que el centro de datos valora genuinamente su opinión. Para que las buenas ideas y los compromisos no queden en el olvido, el equipo debe llevar notas claras de cada reunión, registrar las decisiones tomadas y dar seguimiento a lo acordado.

Contar con un contacto único y designado para cada inquilino simplifica y acelera la comunicación. Esta persona debe encargarse de todo: desde consultas rutinarias hasta problemas urgentes. Con un punto de contacto claro, los inquilinos saben exactamente a quién dirigirse y evitan ser transferidos de un departamento a otro. Esto genera confianza y agiliza la resolución de incidencias. Para desempeñar bien su rol, esta persona necesita el respaldo del resto del equipo, acceso rápido a recursos internos y autoridad para tomar decisiones cuando sea necesario. La capacitación continua y un conocimiento sólido del plan de comunicación del centro de datos le permiten ofrecer un valor real a los inquilinos.

Las buenas relaciones con los inquilinos no se limitan a la conversación: también se construyen con hechos. Cumplir los compromisos del SLA resulta esencial, pero un servicio excepcional va más allá. Se trata de anticiparse y resolver problemas pequeños antes de que se conviertan en grandes. Monitorear de cerca las condiciones ambientales —temperatura, humedad— y garantizar que los respaldos estén listos cuando se necesiten ayuda a evitar tiempos de inactividad y demuestra a los inquilinos que su equipamiento se encuentra en buenas manos. Cumplir con un calendario de mantenimiento riguroso y notificar con antelación cualquier intervención programada genera confianza. A nadie le gustan las sorpresas, especialmente cuando se trata de infraestructura crítica.

Ir más allá de lo esperado crea un sentido de alianza en el que los inquilinos pueden confiar. Cuando el equipo del centro de datos entrega consistentemente un servicio de alta calidad y se comunica con claridad, los inquilinos se sienten escuchados y respetados. Eso es lo que construye vínculos duraderos. Incluso gestos sencillos —ser receptivo y confiable en las interacciones cotidianas— pueden marcar una diferencia significativa. Con el tiempo, estos esfuerzos generan mayor lealtad de los inquilinos, menos quejas y una reputación más sólida en el mercado.

Al centrarse en una comunicación proactiva, un soporte rápido y un servicio atento, un centro de datos puede destacar notablemente. Estos pequeños detalles no solo mejoran las relaciones: contribuyen a asegurar el futuro del negocio. Los inquilinos que se sienten valorados tienden a permanecer más tiempo, recomendar el centro a otros y crecer junto a él. Ese crecimiento beneficia a todas las partes.

Recibir retroalimentación regular de los inquilinos proporciona al equipo del centro de datos información valiosa sobre qué funciona bien y dónde hay margen de mejora. Esta retroalimentación puede llegar de diversas formas: encuestas formales, conversaciones informales o cuestionarios sencillos. Las encuestas bien diseñadas resultan clave.

Deben incluir preguntas abiertas junto con escalas de valoración para ir más allá de respuestas binarias. Este enfoque revela tanto fortalezas como debilidades y ofrece una visión completa de la experiencia del inquilino. Aún más importante que recolectar la información es actuar sobre ella. Compartir los resultados y explicar las medidas que se están tomando genera confianza y demuestra que las opiniones de los inquilinos importan y conducen a cambios reales.

Fomentar una comunidad entre inquilinos también juega un papel significativo en la satisfacción general. Organizar eventos como almuerzos de networking, charlas técnicas o encuentros informales brinda a los inquilinos la oportunidad de conectar, intercambiar ideas y aprender unos de otros. Estas experiencias compartidas fortalecen las relaciones tanto con el centro de datos como entre los propios inquilinos. Cuando se sienten parte de una comunidad solidaria y colaborativa, es más probable que permanezcan a largo plazo. Invitar a talleres o a ponentes invitados de la industria añade valor y reúne a las personas en torno a intereses comunes. El personal puede contribuir asegurándose de que todos se sientan bienvenidos e incluidos en estos eventos.

Crear espacios para la comunicación no se limita a encuentros presenciales Un foro comunitario en línea puede ofrecer a los inquilinos una plataforma para plantear dudas, compartir experiencias y ofrecer consejos. Cuando el personal del centro de datos participa activamente en estas conversaciones, demuestra que escucha y está involucrado. Este tipo de foro también se convierte en un recurso valioso y ayuda a forjar conexiones más fuertes entre inquilinos y entre estos y el equipo.

Resolver conflictos forma parte inevitable de cualquier relación comercial, y el centro de datos debe estar preparado para ello. Contar con pasos claros para manejar desacuerdos ayuda a mantener la equidad y la consistencia. Un plan sólido de resolución de conflictos debe guiar la respuesta cuando algo sale mal: comenzando por el diálogo abierto y avanzando por una ruta estructurada si es necesario. Mantener toda la comunicación documentada asegura transparencia y protege a todas las partes involucradas. Cuando los desacuerdos son más complejos, recurrir a un tercero neutral puede facilitar soluciones que funcionen para ambos lados. El objetivo debe ser siempre un resultado justo y una relación fortalecida al final.

Capacitar al personal para manejar estas relaciones de manera efectiva comienza con una formación sólida. Todos deben saber cómo comunicarse con respeto, resolver problemas con calma y mantener la profesionalidad en situaciones tensas. Los ejercicios de simulación ofrecen un espacio seguro para practicar conversaciones difíciles antes de que ocurran en la realidad. Realizar sesiones de actualización periódicas y compartir nuevas recomendaciones y mejores prácticas ayuda al equipo entero a seguir mejorando. Empoderar al personal para resolver incidencias menores en el momento —sin necesidad de esperar aprobación de un superior— también eleva la calidad del servicio y demuestra a los inquilinos que sus preocupaciones se toman en serio y se resuelven con rapidez.

Las relaciones sólidas con los inquilinos no surgen por casualidad: crecen a partir de un esfuerzo genuino, comunicación honesta y un servicio constante. Los equipos de centros de datos que escuchan con atención, resuelven problemas con rapidez y van más allá de lo esperado construyen una confianza que perdura. Crear una comunidad fuerte entre inquilinos, dar seguimiento a la retroalimentación y buscar continuamente formas de mejorar mantiene a los inquilinos satisfechos y leales. Esa lealtad se traduce en contratos más largos, menos incidencias y una reputación más sólida en general.

Invertir tiempo y recursos en la gestión de relaciones con inquilinos representa una decisión inteligente que genera retornos tangibles. Mejora el funcionamiento diario, facilita las operaciones cotidianas y ayuda al centro de datos a destacar en un entorno competitivo. En esencia, este trabajo consiste en construir alianzas, no solo en ofrecer servicios. La confianza, el respeto y un enfoque compartido en el éxito transforman las interacciones cotidianas en relaciones valiosas y duraderas.

Comprensión de la gobernanza en centros de datos

El funcionamiento fluido de un centro de datos requiere algo más que una infraestructura sólida: también exige una estructura de gobernanza clara y rigurosamente aplicada. Este marco establece directrices para la aprobación, ejecución y seguimiento de los trabajos. Permite que las operaciones se desarrollen con eficiencia, evita interrupciones innecesarias y ayuda al equipo a cumplir con los estándares de la industria y los requisitos legales. Sin un sistema de gobernanza sólido, la confusión y la falta de comunicación pueden derivar en errores costosos y en paradas imprevistas. Esta sección explica las partes más importantes de una configuración de gobernanza robusta y destaca los roles clave que contribuyen a gestionar las aprobaciones de trabajo.

La claridad sobre quién es responsable de qué constituye el núcleo de una buena gobernanza. Cuando todos comprenden su rol, resulta más sencillo evitar confusiones y completar las tareas de manera efectiva. Una buena estructura comienza por responsabilidades y rendición de cuentas claras en cada paso.

Uno de los roles principales es el del **Gerente de Instalaciones Críticas del Centro de Datos** (CFM, por sus siglas en inglés). Esta persona dirige todo el proceso, vela por el cumplimiento de los procedimientos y autoriza cualquier cambio importante. El CFM mantiene todo alineado con los objetivos del centro y los planes de prevención de riesgos. Además, contribuye a resolver conflictos y asegura que los inquilinos y demás partes interesadas permanezcan informadas e involucradas cuando sea necesario.

Apoyando al CFM, los subgerentes de instalaciones críticas y los jefes colaboran con un equipo de ingenieros y técnicos que se encargan de las tareas diarias. Revisan las nuevas solicitudes de trabajo, elaboran planes detallados y ejecutan las labores aprobadas. Su labor incluye garantizar que todo se realice de forma segura, eficiente y en plazo. También estiman el tiempo y los recursos necesarios para cada trabajo. Su pericia contribuye a mantener la estabilidad operativa y a prevenir retrasos evitables.

Un sistema de gobernanza sólido también incorpora un equipo dedicado a la **gestión de cambios**. Este equipo administra todo tipo de modificaciones mediante un proceso estructurado. Sigue pasos como la presentación de solicitudes, el análisis del impacto potencial, la obtención de aprobaciones, la ejecución del trabajo y el cierre del cambio. Mantiene registros detallados de cada modificación realizada. Estos registros ayudan a prevenir problemas, facilitan las auditorías y simplifican enormemente la resolución de incidencias si algo falla. Un proceso bien documentado también asegura que ningún cambio pase desapercibido, lo que podría afectar las operaciones.

Cuando el trabajo afecta la red, los servidores o el software, interviene el departamento de TI. Su aportación garantiza que las labores se alineen con la estrategia general de TI. Además, gestionan las configuraciones y actualizaciones de sistemas, y prueban todo para detectar problemas antes de que causen daños reales. Su colaboración con los equipos de instalaciones evita paradas y mantiene el funcionamiento esperado.

La participación de los inquilinos resulta igualmente vital en un sistema de gobernanza saludable. Los inquilinos deben contar con vías sencillas para solicitar trabajos, recibir actualizaciones y expresar inquietudes sobre cualquier aspecto que impacte su configuración. Incluirlos en el proceso fomenta la colaboración y ayuda a prevenir problemas al identificarlos tempranamente y resolverlos antes de que escalen. Cuando el centro de datos comunica de forma transparente con los inquilinos sobre qué está ocurriendo y cuándo, genera confianza y minimiza las sorpresas. Esta apertura permite que todos planifiquen mejor y reduce tensiones innecesarias.

Al contar con las personas adecuadas en su lugar y asegurar que cada rol esté bien definido, el centro de datos establece una base sólida para el éxito. Este tipo de estructura garantiza que las cosas se hagan a tiempo, mantiene informados a los inquilinos y previene paradas costosas. También asegura que el equipo pueda responder con rapidez y claridad ante cualquier imprevisto. Una buena gobernanza no solo protege el centro de datos, sino que lo ayuda a funcionar mejor cada día. Un proceso claro, respaldado por personas capacitadas y buenas herramientas, prepara el terreno para un rendimiento a largo plazo y la satisfacción de los inquilinos.

El proceso de toma de decisiones para la aprobación de trabajos desempeña un papel crítico en la gobernanza del centro de datos. Las decisiones deben ser transparentes, justas y basadas en criterios claros. Establecer umbrales de autoridad para las aprobaciones asegura eficiencia y control. Los cambios menores pueden aprobarse en niveles inferiores, mientras que los cambios significativos requieren aprobaciones de mayor nivel, posiblemente involucrando al CFM o al equipo ejecutivo. Este sistema jerárquico garantiza que las decisiones se traten en el nivel de responsabilidad apropiado, sin demoras innecesarias.

Las solicitudes urgentes, como reparaciones críticas de infraestructura o actualizaciones de seguridad, deben atenderse con rapidez. Un sistema de priorización ayuda a clasificar las solicitudes según su impacto en las operaciones del centro de datos y en la continuidad del negocio de los inquilinos. Este sistema puede emplear un método de puntuación que tenga en cuenta el tiempo de inactividad potencial, el efecto en las operaciones empresariales y los recursos necesarios para su resolución. Priorizar de manera efectiva garantiza que las tareas críticas reciban atención inmediata sin comprometer la eficiencia general del flujo de trabajo.

Un sistema sólido para documentar el proceso de aprobación de trabajos resulta esencial. Este debe abarcar todas las solicitudes, aprobaciones, planes de trabajo y revisiones posteriores a la implementación.

La documentación exhaustiva cumple múltiples propósitos: genera un rastro de auditoría para garantizar responsabilidad y cumplimiento normativo, permite seguir el avance de los proyectos, facilita el análisis de los trabajos completados y ayuda a identificar riesgos potenciales. El uso de un sistema centralizado de gestión documental, como SharePoint, mejora la accesibilidad para todos los involucrados y agiliza los flujos de trabajo, promoviendo así la eficiencia entre equipos.

Un proceso de escalamiento resulta igualmente importante para resolver disputas o desafíos imprevistos. Este proceso debe definir pasos claros para elevar los asuntos a niveles superiores de gestión, especificando roles y responsabilidades. Un procedimiento de escalamiento transparente asegura la rendición de cuentas y aporta claridad a todas las partes interesadas, permitiendo resolver conflictos de forma rápida y justa. Establecer directrices claras de escalamiento ayuda a prevenir demoras y garantiza el funcionamiento fluido del centro de datos.

Las revisiones y actualizaciones periódicas del marco de gobernanza son fundamentales para mantener su efectividad y alineación con los objetivos operativos. Estas revisiones deben incorporar las mejores prácticas de la industria, los cambios regulatorios y las lecciones aprendidas de experiencias previas. La aportación de todos los actores clave —incluido el CFM, los ingenieros, el personal de TI y los representantes de los inquilinos— resulta crítica para perfeccionar el marco. Las mejoras continuas aseguran que la estructura de gobernanza se adapte a las demandas dinámicas del entorno del centro de datos, al tiempo que minimiza riesgos y potencia la eficiencia.

Un marco de gobernanza claro y completo constituye la base fundamental para mantener un centro de datos eficiente y fiable. Define roles, responsabilidades y procesos, garantizando que todos los cambios y tareas se gestionen de forma efectiva y segura.

Esto minimiza las interrupciones, maximiza el tiempo de actividad y fomenta la responsabilidad. Cuando se implementa con rigor, la estructura de gobernanza se convierte en un activo estratégico que promueve el cumplimiento normativo, resuelve conflictos y optimiza las operaciones. Al revisar y refinar consistentemente el marco, los operadores aseguran que permanezca relevante y preparado para afrontar los desafíos y oportunidades en evolución de la industria. Este proceso continuo representa una inversión en excelencia operativa y en el éxito a largo plazo.

El Proceso de Aprobación del Comité de Gabinetes

El funcionamiento fluido de un centro de datos, especialmente uno con múltiples inquilinos, depende en gran medida de un proceso de aprobación de trabajos claro y eficiente. Este proceso cobra aún mayor relevancia cuando los trabajos afectan la infraestructura de los inquilinos, exigiendo un enfoque estructurado que equilibre con cuidado las necesidades de estos con los requisitos operativos de la instalación. El proceso de aprobación del comité de gabinetes responde a esta necesidad al ofrecer un marco para evaluar y autorizar solicitudes de trabajo que involucran gabinetes de inquilinos e infraestructura cercana.

El comité de gabinetes constituye el núcleo de este proceso. Suele estar integrado por representantes del equipo de Gestión de Instalaciones Críticas (CFM), operaciones de TI y otras áreas clave, como controles y fiabilidad. La composición del comité puede variar según el tamaño y las necesidades del centro de datos, pero su principio fundamental permanece invariable: garantizar la representación de todas las partes interesadas afectadas por un trabajo propuesto. Esta configuración multi-stakeholder fomenta la colaboración, previene conflictos y asegura que las decisiones se tomen con un conocimiento completo de los impactos potenciales tanto en el centro de datos como en sus inquilinos.

Antes de llegar al comité de gabinetes, las solicitudes de trabajo pasan por una revisión inicial a cargo del equipo CFM. Esta evaluación preliminar analiza el alcance del trabajo, sus posibles efectos sobre otros sistemas e inquilinos, y los recursos necesarios para su ejecución. El equipo identifica peligros y conflictos potenciales, verifica el cumplimiento de normativas de seguridad y directrices operativas, estima el tiempo de inactividad posible y elabora un cronograma preliminar. Al examinar minuciosamente las solicitudes con antelación, el equipo CFM garantiza que el tiempo del comité se utilice de forma eficiente y que las decisiones se basen en propuestas bien preparadas.

Las solicitudes deben documentarse de manera clara y exhaustiva. Cada una debe incluir una descripción detallada del trabajo, los motivos para llevarlo a cabo, un cronograma propuesto y los recursos necesarios. Materiales de apoyo —como diagramas de ingeniería, planos de red y evaluaciones de riesgo— proporcionan al comité de gabinetes la información esencial para tomar decisiones informadas. Una documentación completa y precisa minimiza demoras y mantiene el proceso de revisión ágil.

Tras la revisión inicial, la solicitud se presenta formalmente al comité de gabinetes. Las presentaciones suelen realizarse mediante un formulario oficial o un sistema en línea que registra el proceso desde la presentación hasta su cierre. Este sistema asegura un adecuado seguimiento y trazabilidad. El comité revisa la solicitud centrándose en su impacto sobre la estabilidad operativa, la continuidad del negocio de los inquilinos y el cumplimiento normativo. Durante esta revisión, los miembros pueden plantear preguntas aclaratorias o solicitar información adicional para mitigar riesgos y prevenir interrupciones.

El proceso de toma de decisiones del comité debe ser transparente y consistente. Un conjunto claro de criterios debe guiar la evaluación de cada solicitud. Estos criterios pueden incluir la urgencia del trabajo, su impacto potencial en otros sistemas e inquilinos, los costos asociados y la alineación con los objetivos del centro de datos. Definir explícitamente estos criterios reduce sesgos y garantiza equidad. Además, las actas de las reuniones deben documentar la fundamentación de cada decisión. Poner estos registros a disposición de las partes interesadas relevantes fomenta la rendición de cuentas y fortalece la confianza entre todos los involucrados.

El proceso de aprobación de trabajos en un centro de datos suele implicar varios niveles de autorización, según la complejidad y el impacto potencial de la solicitud. Tareas sencillas, como reorganizar cables dentro del gabinete de un inquilino, pueden requerir únicamente la aprobación de un ingeniero del equipo de instalaciones críticas. Sin embargo, solicitudes más complejas —como la actualización de unidades de distribución de energía (PDU) o la implementación de cambios importantes en la red— pueden necesitar la aprobación de un ingeniero senior o del CFM. Cambios significativos, como modificaciones en el sistema de climatización del edificio, probablemente requerirán la intervención de la dirección ejecutiva. Esta estructura jerárquica asegura eficiencia sin sacrificar la responsabilidad.

Consideremos un ejemplo práctico. Si un inquilino solicita añadir un rack de servidores a su espacio de gabinete, el proceso es relativamente directo. El equipo CFM verifica la disponibilidad de espacio y capacidad eléctrica, y el ingeniero jefe podría aprobar la solicitud por su bajo impacto. En cambio, un inquilino que busque una actualización sustancial de la infraestructura de red, con reencaminamiento de cables de fibra óptica, plantearía un desafío mucho mayor. Este tipo de trabajo exige una evaluación detallada de riesgos, planes de ingeniería exhaustivos y aportes del departamento de TI. Requeriría revisión por el comité de gabinetes y, posiblemente, aprobación a nivel ejecutivo, según el alcance y el impacto en las operaciones generales.

El mantenimiento preventivo ofrece otro escenario. Supongamos que un equipo crítico en el área de un inquilino necesita mantenimiento programado. Aunque es necesario para la fiabilidad, los inquilinos afectados deben ser informados con suficiente antelación. El comité de gabinetes evaluaría el plan de mantenimiento para minimizar interrupciones, asegurando que los inquilinos dispongan de tiempo para prepararse ante cualquier parada. El comité también desempeña un papel vital en la resolución de conflictos, ya sea entre inquilinos o entre estos y el equipo de gestión. Actuando como foro neutral, facilita el diálogo y garantiza que las disputas se resuelvan de forma eficiente y justa. Este enfoque evita que desacuerdos menores escalen a problemas mayores, creando un entorno armónico y colaborativo.

Una vez aprobado el trabajo, el equipo de instalaciones críticas elabora un plan detallado. Este plan detalla cada paso, el cronograma y los recursos requeridos. Se comparte con los inquilinos afectados para coordinar agendas y reducir al mínimo las interrupciones. Durante la ejecución, el trabajo se supervisa de cerca para asegurar el cumplimiento del plan y abordar rápidamente cualquier imprevisto.

Una revisión posterior a la implementación evalúa los resultados del trabajo completado. Esta revisión compara los resultados con la solicitud original, analiza las interrupciones sufridas por los inquilinos e identifica oportunidades de mejora para procesos futuros. Este ciclo de retroalimentación resulta crítico para perfeccionar el proceso de aprobación del comité de gabinetes y garantizar una mejora continua. La documentación exhaustiva sigue siendo prioritaria en todo el proceso, generando un rastro de auditoría detallado para el cumplimiento normativo y detectando posibles debilidades que permitan mejoras futuras.

El proceso de aprobación del comité de gabinetes es mucho más que un trámite procedimental. Construye un marco colaborativo y eficiente para gestionar el ecosistema complejo e interdependiente de un centro de datos. Al centrarse en la mejora continua, este proceso incrementa la fiabilidad, favorece operaciones fluidas y asegura la satisfacción de los inquilinos. Lejos de ser un obstáculo burocrático, el comité de gabinetes constituye un pilar fundamental de una gobernanza efectiva y de una gestión cooperativa del centro de datos.

Procedimientos de Gestión y Control de Cambios

La gestión de cambios constituye la piedra angular para preservar la estabilidad y prevenir interrupciones en un entorno dinámico de centro de datos. Requiere un proceso de gestión de cambios bien estructurado y proactivo. Va mucho más allá de cumplir procedimientos: implica anticipar posibles problemas y minimizar su impacto. Una estrategia sólida de gestión de cambios resulta indispensable para garantizar la fiabilidad y la eficiencia operativa, especialmente en entornos multiinquilino donde las acciones de una parte pueden repercutir de forma significativa en las demás.

La gestión efectiva de cambios comienza por una documentación exhaustiva. Todo cambio, por mínimo o importante que parezca, debe registrarse adecuadamente. Esta documentación cumple varios propósitos esenciales. En primer lugar, genera un rastro de auditoría detallado que facilita rastrear cada cambio hasta su origen, las personas involucradas y las razones de su implementación. Este registro resulta invaluable para la resolución de incidencias, las auditorías de cumplimiento y la demostración de diligencia debida. En segundo lugar, los registros completos permiten identificar patrones en las solicitudes de cambio, lo que puede revelar áreas que requieren mejoras procesales o medidas preventivas. Por ejemplo, solicitudes frecuentes para trabajos similares suelen señalar problemas sistémicos subyacentes que demandan atención.

Estandarizar el proceso de documentación asegura consistencia y claridad. Cada solicitud de cambio debe incluir un identificador único, una descripción clara del cambio propuesto, la justificación de la solicitud, las personas o equipos involucrados, el cronograma de implementación, los riesgos asociados y las estrategias de mitigación, los recursos necesarios y el estado de la solicitud a lo largo de su ciclo de vida.

Este formato estándar mantiene a todos alineados y reduce al mínimo los malentendidos. Una plataforma digital centralizada, como SharePoint o un sistema dedicado de gestión de cambios, resulta esencial para un registro eficiente. Estas plataformas ofrecen funciones como control de versiones, flujos de aprobación y herramientas de informes, lo que agiliza el proceso y lo hace accesible a todo el personal relevante.

El proceso de aprobación de cambios debe seguir una estructura jerárquica similar al proceso general de aprobación de trabajos. Los cambios simples —como sustituir un componente defectuoso en un rack de servidores o reorganizar cables dentro del espacio de un inquilino— pueden ser aprobados directamente por personal técnico del equipo de instalaciones críticas. A estos individuos se les faculta para tomar decisiones basadas en su experiencia y en las directrices establecidas. Sin embargo, su autoridad se limita a cambios con impacto mínimo en otros sistemas o inquilinos. La formación continua y el desarrollo profesional son fundamentales para que este personal permanezca actualizado con los estándares de la industria y la normativa vigente.

Los cambios más complejos —aquellos que involucran múltiples sistemas, afectan las operaciones de los inquilinos o demandan recursos significativos— exigen un proceso de aprobación más riguroso. Estos pueden requerir revisión y autorización por parte de ingenieros senior, el ingeniero jefe, el CFM o incluso el equipo de dirección ejecutiva. Este proceso implica una evaluación exhaustiva de los riesgos e impactos potenciales, a menudo con consultas a las partes afectadas.

Las evaluaciones de riesgo forman parte crítica del proceso de aprobación para cambios significativos. Estas deben identificar peligros potenciales tanto inmediatos como a largo plazo y detallar estrategias para mitigarlos o eliminarlos. La evaluación también debe analizar cómo el cambio podría afectar las operaciones generales del centro de datos y la continuidad del negocio de los inquilinos. Todos los hallazgos deben documentarse con claridad y compartirse con las partes interesadas para garantizar transparencia y facilitar decisiones informadas.

La fase de implementación de la gestión de cambios exige una planificación y ejecución precisas. Antes de iniciar el cambio, debe elaborarse un plan detallado que describa todos los pasos, los plazos, las responsabilidades asignadas y los recursos requeridos. Los planes de contingencia resultan cruciales para afrontar problemas potenciales o complicaciones imprevistas. Durante la ejecución, el progreso debe monitorearse cuidadosamente para asegurar su alineación con el plan. Las personas encargadas de realizar los cambios deben estar debidamente formadas y equipadas para ejecutar sus tareas de forma segura y eficiente. La comunicación también cobra relevancia aquí: mantener una comunicación regular durante la implementación resulta esencial para mantener informadas a todas las partes interesadas y resolver con prontitud cualquier incidencia que surja.

Los interesados deben ser notificados sobre los cambios que puedan afectarlos, garantizando transparencia y colaboración. Esto minimiza sorpresas y fomenta una comprensión compartida. Una comunicación clara y concisa a través de múltiples canales —reuniones, actualizaciones de estado y notificaciones formales— resulta indispensable para prevenir malentendidos. Deben existir mecanismos de retroalimentación que permitan a los interesados expresar inquietudes o sugerir mejoras. El uso de un sistema centralizado de comunicación, como una herramienta dedicada de gestión de proyectos, puede agilizar estos esfuerzos y proporcionar un registro completo de todas las interacciones.

Evaluar los resultados del cambio mediante una revisión posterior a la implementación resulta igual de importante. Esta revisión analiza el éxito del cambio, destaca las lecciones aprendidas e identifica áreas de mejora para procesos futuros. Los resultados deben compararse con las expectativas establecidas en la solicitud inicial. Este paso también evalúa el impacto en las operaciones generales del centro de datos, las actividades de los inquilinos y la eficiencia del proceso de gestión de cambios. Los desafíos encontrados durante la implementación deben analizarse a fondo para determinar dónde se requieren ajustes. La retroalimentación de los interesados desempeña un papel clave en esta revisión, ya que a menudo revela problemas ocultos o posibles mejoras que de otro modo pasarían desapercibidos.

La implementación de nuevas tecnologías o actualizaciones importantes requiere un enfoque especializado. Estos cambios suelen implicar la integración de sistemas nuevos con la infraestructura existente, un proceso que demanda pericia en múltiples disciplinas. Una fase exhaustiva de pruebas resulta crítica para garantizar compatibilidad y detectar conflictos potenciales antes del despliegue. Las pruebas deben simular escenarios del mundo real para exponer cualquier problema o cuello de botella imprevisto. La formación integral del personal resulta igualmente importante: debe combinar conocimientos teóricos con experiencia práctica para asegurar que el equipo comprenda plenamente la nueva tecnología y su operación. Para actualizaciones sustanciales de software, los planes de reversión (rollback) son esenciales para permitir una recuperación rápida ante cualquier incidencia inesperada que surja tras el despliegue.

La formación del personal en esta política garantiza que todos comprendan y sigan las directrices, promoviendo consistencia y adherencia en toda la organización.

Fomentar una cultura proactiva en torno a la gestión de cambios fortalece su efectividad. Alentar al personal a reportar posibles problemas, identificar áreas de mejora y considerar las solicitudes de cambio como oportunidades contribuye a construir un entorno colaborativo y orientado al futuro. Las auditorías y revisiones periódicas del proceso de gestión de cambios permiten detectar debilidades y oportunidades de mejora, asegurando que permanezca efectivo y eficiente.

Invertir en formación en todos los niveles potencia el éxito de la gestión de cambios. Un proceso bien definido y aplicado de manera consistente trasciende el mero requisito procedimental: resulta fundamental para garantizar el funcionamiento fiable y eficiente de un centro de datos moderno. Al integrar una gestión robusta de cambios en la cultura organizativa, los centros de datos pueden mantener la estabilidad y la seguridad, beneficiando tanto a los operadores como a los inquilinos.

Seguimiento e Informes de Órdenes de Trabajo

El seguimiento y la generación de informes sobre las órdenes de trabajo de manera efectiva son esenciales para que un centro de datos funcione con fluidez. Este proceso no solo mantiene a los equipos responsables de las tareas completadas, sino que también ofrece transparencia sobre los proyectos en curso. Una visibilidad clara permite a los responsables supervisar los recursos y abordar posibles retrasos de forma proactiva. Un sistema fiable de seguimiento de órdenes de trabajo genera además un rastro de auditoría sólido, indispensable para revisiones internas y cumplimiento normativo externo. Esta sección pone el énfasis en la construcción y el mantenimiento de dicho sistema, destacando las ventajas de utilizar herramientas dedicadas de gestión de proyectos.

El primer paso para crear un sistema eficiente de seguimiento de órdenes de trabajo consiste en establecer un formato estandarizado. Cada orden debe contar con un identificador único que facilite su recuperación y referencia. Según el tamaño de las operaciones y el software empleado, este identificador puede ser una secuencia numérica sencilla o un código alfanumérico más complejo. La orden de trabajo en sí debe incluir una descripción detallada de la tarea: debe especificar la ubicación exacta dentro del centro de datos, el equipo involucrado y el resultado deseado. Hay que evitar a toda costa cualquier ambigüedad. Instrucciones claras reducen considerablemente el riesgo de malentendidos que podrían derivar en retrasos o errores. Para tareas más complejas, adjuntar diagramas o esquemas resulta de gran ayuda para aportar claridad adicional.

La priorización constituye otro elemento esencial de toda orden de trabajo. Cada tarea debe clasificarse según su nivel de prioridad, desde «crítica» (que exige acción inmediata) hasta «baja» (que puede programarse para más adelante). Esta clasificación no solo indica urgencia, sino que también considera el impacto potencial en las operaciones de los inquilinos. Una tarea que parezca menor podría tener efectos importantes en los servicios de los inquilinos, justificando así una prioridad mayor. Asignar niveles de prioridad también orienta la asignación de recursos, asegurando que las tareas de alta prioridad reciban atención inmediata por parte del personal más calificado.

Las órdenes de trabajo deben especificar además al personal asignado responsable de la tarea, incluyendo sus datos de contacto. Una rendición de cuentas clara resulta fundamental para agilizar la comunicación y evitar demoras causadas por incertidumbre. En proyectos más amplios que requieren aportes de varios equipos, designar un gestor de proyecto para supervisar la coordinación y el avance resulta crítico. El gestor asegura que todos los equipos trabajen de forma cohesionada, que se cumplan los plazos y que la comunicación fluya sin interrupciones durante todo el proyecto. Los cronogramas son igualmente importantes y deben ser realistas. Una orden de trabajo no debe limitarse a indicar una fecha de finalización: debe desglosar la tarea en hitos más pequeños, cada uno con su propio plazo. Este enfoque facilita el monitoreo del progreso y permite detectar posibles retrasos con antelación.

Los plazos deben considerar no solo la tarea en sí, sino también factores como la disponibilidad de equipos, los horarios del personal y la probabilidad de complicaciones imprevistas. Estos hitos deben alinearse con la fecha límite general del proyecto, y el sistema de seguimiento debe configurarse para alertar inmediatamente ante cualquier desviación del plan.

El trabajo realizado debe documentarse con detalle. Esta documentación incluye no solo un resumen de las tareas completadas, sino también información sobre cualquier incidencia inesperada que haya surgido, las acciones correctivas tomadas y los materiales utilizados. Mantener este nivel de detalle genera un registro valioso para futuras resoluciones de problemas, mantenimiento preventivo y análisis de desempeño. Además, contribuye a evaluar la eficiencia del proceso y a identificar áreas de mejora. Esta información enriquece también el historial operativo del centro de datos, construyendo una base de conocimiento que sirve de referencia para trabajos futuros.

La sección de aprobación final de la orden de trabajo resulta igual de importante. Esta requiere la firma tanto del personal que ejecutó el trabajo como del supervisor o gerente que supervisa el proceso. La aprobación debe incluir detalles como la fecha y hora de finalización, la confirmación de que el trabajo cumplió con las especificaciones requeridas y notas sobre cualquier desviación o ajuste realizado.

Este proceso de doble aprobación garantiza la rendición de cuentas y verifica la calidad del trabajo completado. Las firmas digitales, las marcas de tiempo y la evidencia fotográfica o videográfica añaden una capa adicional de integridad al proceso, creando un registro verificable de la ejecución y la inspección.

La generación de informes periódicos constituye otro aspecto esencial de la gestión de órdenes de trabajo. Estos informes, idealmente producidos de forma automática por el sistema, ofrecen una visión clara de la eficiencia operativa del centro de datos. Métricas clave —como el tiempo promedio para completar órdenes de trabajo, el número de tareas pendientes, las tasas de cumplimiento y la frecuencia de tipos específicos de solicitudes— pueden seguirse con precisión. Estos datos ayudan a identificar cuellos de botella, mejorar procesos y optimizar la asignación de recursos. Los responsables deben poder personalizar los informes, filtrando datos por niveles de prioridad, ubicaciones o personal asignado. Esta flexibilidad permite análisis focalizados en áreas o equipos específicos, haciendo el proceso más efectivo y accionable.

El uso de software de gestión de proyectos aporta numerosas ventajas para la administración de órdenes de trabajo. Estas plataformas ofrecen almacenamiento centralizado de todas las órdenes, garantizando acceso fácil y reduciendo el riesgo de pérdida de documentos críticos. Funciones como notificaciones automáticas, seguimiento del progreso en tiempo real y generación automática de informes agilizan todo el proceso. Muchas plataformas también facilitan la colaboración, permitiendo que varios miembros del equipo trabajen simultáneamente en la misma orden, lo que mejora el trabajo en equipo y la comunicación. Las características de gestión de riesgos añaden valor adicional al identificar y abordar proactivamente posibles problemas, minimizando retrasos e interrupciones.

La elección del software de gestión de proyectos adecuado depende de varios factores: el tamaño del centro de datos, la complejidad de sus operaciones y las limitaciones presupuestarias. Los centros más grandes y complejos pueden requerir software con funciones avanzadas, mientras que instalaciones más pequeñas podrían optar por soluciones más sencillas y económicas. Evaluar las opciones en función de su escalabilidad, facilidad de uso e integración con los sistemas existentes resulta esencial antes de decidir. Aprovechar periodos de prueba o demostraciones de los proveedores ayuda a comprender mejor la idoneidad de cada plataforma. Una integración fluida con la infraestructura de TI actual resulta crucial para evitar complicaciones adicionales en los flujos de trabajo y garantizar una adopción sin fricciones.

Garantizar que el personal esté debidamente capacitado para utilizar el sistema de órdenes de trabajo resulta indispensable para maximizar su efectividad. La formación debe abarcar todos los aspectos del sistema: desde la presentación y gestión de órdenes hasta la generación de informes y el monitoreo del progreso. Sesiones de actualización periódicas ayudan a mantener las competencias del equipo, asegurando que el sistema siga entregando todos sus beneficios. La capacitación debe incluir a todo el personal relevante: técnicos, ingenieros, gerentes e incluso inquilinos que puedan necesitar presentar solicitudes de trabajo. Un equipo confiado y competente en el uso del sistema contribuye significativamente a la eficiencia general del proceso de gestión de órdenes de trabajo, reduciendo errores y mejorando los resultados.

La implementación de un sistema robusto de seguimiento y reporte de órdenes de trabajo, idealmente respaldado por un software fiable de gestión de proyectos, resulta crucial para unas operaciones eficientes en el centro de datos. Este sistema promueve la rendición de cuentas, incrementa la transparencia y permite una gestión proactiva de recursos y tareas. Al agilizar los procesos internos y mejorar la comunicación con los inquilinos, se fomenta un entorno de trabajo positivo y productivo. El sistema también favorece una mejor colaboración entre equipos, asegurando que las tareas se completen a tiempo y cumplan con los estándares requeridos.

Invertir en un sistema bien estructurado y en una formación exhaustiva del personal representa un paso clave para reducir interrupciones y garantizar la máxima disponibilidad de la infraestructura crítica. No solo optimiza las operaciones internas, sino que también fortalece las relaciones con los inquilinos al atender sus necesidades de forma pronta y eficiente. Revisar y refinar periódicamente el sistema con base en los datos de desempeño asegura que permanezca efectivo y se adapte a las demandas operativas en evolución. Un sistema robusto, combinado con mejora continua y capacitación, sienta las bases para el éxito y la fiabilidad a largo plazo de las operaciones del centro de datos.

Garantizar el Cumplimiento de los Marcos Regulatorios

La complejidad de operar un centro de datos moderno exige una adhesión estricta a un amplio espectro de normativas. Estas instalaciones no se limitan a cumplir con códigos básicos de construcción: también deben ajustarse a leyes de protección de datos, regulaciones ambientales y estándares específicos de la industria. Cumplir con estos requisitos resulta esencial para preservar la integridad operativa y evitar sanciones costosas. Esta sección describe los pasos críticos para crear y mantener un programa de cumplimiento que mantenga al centro de datos alineado con todos los marcos legales y regulatorios relevantes.

Identificar todas las normativas aplicables constituye la base de un programa de cumplimiento efectivo. Esta tarea puede resultar compleja, ya que los centros de datos suelen operar bajo múltiples jurisdicciones y organismos reguladores. Los códigos locales de construcción y las normas de seguridad contra incendios establecen requisitos mínimos para la construcción, los sistemas de seguridad y los procedimientos de emergencia. Más allá de estos, las leyes nacionales de protección de datos —como el RGPD en Europa, la CCPA en California o la PIPEDA en Canadá— imponen reglas estrictas sobre el almacenamiento, el acceso y la transferencia de datos. Los estándares específicos de la industria, entre ellos los del Uptime Institute, TIA-942 e ISO 27001, sirven como referentes de buenas prácticas en diseño, construcción y operación de centros de datos.

Realizar una auditoría regulatoria exhaustiva, idealmente con el apoyo de expertos legales o en cumplimiento normativo, resulta crucial para identificar las reglas aplicables y cualquier brecha en las prácticas actuales.

Elaborar un plan de cumplimiento detallado representa el siguiente paso. Este plan debe ir más allá de una simple lista de verificación y funcionar como una hoja de ruta que detalle los pasos necesarios para cumplir con los requisitos normativos. Debe incluir procedimientos específicos, responsabilidades claramente asignadas, plazos y métricas medibles para el seguimiento del cumplimiento. Por ejemplo, un plan de protección de datos podría especificar protocolos de cifrado, controles de acceso, políticas de retención de datos y procedimientos de respuesta ante brechas. De igual modo, los planes de cumplimiento ambiental deben abarcar objetivos de eficiencia energética, estrategias de gestión de residuos y adhesión a normas de emisiones. Vincular estos planes con los procesos existentes de aprobación de trabajos garantiza que todas las actividades se alineen con los requisitos regulatorios. Cualquier trabajo propuesto que pueda afectar el cumplimiento debe someterse a una revisión exhaustiva antes de su aprobación.

Un equipo dedicado resulta indispensable para hacer cumplir y monitorear el cumplimiento. Este equipo puede estar compuesto por expertos internos, consultores externos o una combinación de ambos. Sus responsabilidades incluyen realizar auditorías periódicas, capacitar al personal en los requisitos normativos y mantener registros detallados de todas las actividades relacionadas con el cumplimiento. Estos registros no solo sirven como prueba de adhesión normativa, sino que también aportan información valiosa para la mejora continua. Los informes regulares a la dirección sobre el estado del cumplimiento ayudan a detectar posibles problemas antes de que se conviertan en cuestiones graves. La frecuencia de estos informes debe reflejar la complejidad del panorama regulatorio y las características específicas de las operaciones del centro de datos.

Mantener el cumplimiento en un centro de datos moderno no es un esfuerzo puntual. Requiere vigilancia constante, actualizaciones periódicas del plan de cumplimiento y acciones proactivas para abordar la evolución de las normativas y los cambios operativos. Al adoptar un enfoque estructurado y bien documentado, los centros de datos pueden asegurar su alineación con los requisitos legales y regulatorios, al tiempo que fomentan una cultura de responsabilidad y mejora continua.

La formación constituye un componente crítico para mantener el cumplimiento en las operaciones de un centro de datos. Todo el personal involucrado —desde técnicos e ingenieros hasta gerentes y directivos— necesita una capacitación adecuada en las normativas relevantes. Esta formación debe adaptarse al rol de cada individuo, asegurando que todos comprendan sus responsabilidades específicas ante la ley. También debe abordar las graves consecuencias del incumplimiento, como multas, acciones legales y daños a la reputación de la organización. Para mantener los conocimientos actualizados, deben realizarse sesiones periódicas de actualización, especialmente cuando se produzcan cambios normativos. Un equipo bien formado y consciente del cumplimiento sienta las bases de un programa efectivo.

Las herramientas tecnológicas desempeñan un papel crucial en el apoyo a los esfuerzos de cumplimiento. El software de Gestión de Infraestructura de Centro de Datos (DCIM) permite rastrear y monitorear parámetros esenciales para cumplir con requisitos regulatorios, como el consumo energético en materia ambiental. Los sistemas de Gestión de Información y Eventos de Seguridad (SIEM) facilitan el monitoreo en tiempo real de incidencias de seguridad, asegurando el cumplimiento de las leyes de protección de datos. Estos sistemas resultan invaluables para generar un rastro de evidencia en auditorías, demostrando el cumplimiento con el menor esfuerzo posible. Los sistemas de control de acceso y los mecanismos de registro refuerzan aún más la seguridad, protegiendo los datos sensibles y garantizando el cumplimiento de las normativas de privacidad.

Es imprescindible mantener registros detallados de todas las actividades de cumplimiento para demostrar la adhesión normativa. Estos deben incluir permisos, licencias, certificaciones y documentación de inspecciones, auditorías, sesiones de formación y acciones correctivas. Utilizar un sistema centralizado de gestión documental, como SharePoint, facilita la organización y recuperación de estos registros. Revisar y actualizar periódicamente la documentación asegura que refleje las normativas más recientes y las prácticas operativas actuales.

Este nivel de organización resulta vital para afrontar auditorías externas o acciones legales con confianza. Mantenerse al día con el panorama regulatorio en constante cambio exige un esfuerzo continuo. Las normativas evolucionan de forma permanente, por lo que resulta esencial estar informado sobre actualizaciones y nuevos requisitos. Monitorear publicaciones especializadas de la industria, asistir a eventos relevantes y mantener una comunicación abierta con los organismos reguladores son formas efectivas de anticiparse. Revisar periódicamente el plan de cumplimiento garantiza su alineación con las leyes vigentes y los cambios operativos del centro de datos. Adoptar un enfoque proactivo en lugar de reaccionar ante los problemas reduce riesgos y contribuye a sostener la eficiencia operativa. Anticipar requisitos futuros e integrar con fluidez las actualizaciones necesarias en las prácticas diarias asegura transiciones sin fricciones cuando se produzcan cambios.

La rendición de cuentas clara dentro de la estructura de cumplimiento resulta esencial. Asignar la responsabilidad a un oficial o equipo dedicado de cumplimiento asegura que el programa reciba la atención y los recursos adecuados. Este equipo debe reportar directamente a la alta dirección para subrayar la importancia del cumplimiento en la organización. Sus funciones incluyen desarrollar y actualizar el plan de cumplimiento, realizar auditorías, capacitar al personal y mantener registros exhaustivos. Roles y líneas de reporte claramente definidos evitan confusiones, fomentan la responsabilidad y permiten resolver con eficiencia cualquier incidencia de cumplimiento.

Integrar el cumplimiento en la estructura de gobernanza del centro de datos fortalece la estrategia operativa general. El cumplimiento no debe operar de forma aislada, sino integrarse en todos los aspectos del centro de datos, desde el diseño y la planificación hasta la construcción y el mantenimiento. Un marco de gobernanza integral promueve la colaboración entre las partes interesadas —dirección, personal, inquilinos y socios externos—. Este enfoque integrado evita duplicidades de esfuerzo y alinea la eficiencia operativa con los estándares regulatorios. Las revisiones periódicas del marco de gobernanza y del programa de cumplimiento aseguran que ambos permanezcan efectivos y adaptables. Las auditorías externas periódicas ofrecen una evaluación objetiva del estado de cumplimiento y aportan retroalimentación valiosa para refinar los procesos de gobernanza y cumplimiento.

Herramientas de Gestión de Infraestructura de Centro de Datos (DCIM)

Las herramientas de Gestión de Infraestructura de Centro de Datos (DCIM) se han convertido hoy en día en un elemento indispensable en cualquier centro de datos bien gestionado. Estas herramientas ofrecen un conjunto completo de funcionalidades que mejoran la eficiencia, reducen costos y facilitan la toma de decisiones informadas. El DCIM concentra todo en una única plataforma central, desde la cual los equipos pueden monitorear, gestionar y analizar los distintos aspectos del centro de datos. Esta configuración permite un control proactivo de las operaciones, ayudando a prevenir problemas antes de que se agraven. Una de las mayores fortalezas del DCIM radica en su capacidad para ofrecer una visión clara y unificada de toda la instalación, al recopilar datos de diferentes sistemas y presentarlos de manera comprensible y accesible. Gracias a ello, el personal del centro de datos puede verificar rápidamente el estado de los sistemas clave, detectar incidencias tempranamente y actuar antes de que surjan contratiempos.

Mejorar la eficiencia cotidiana representa una de las ventajas más destacadas del uso de herramientas DCIM. Estos sistemas automatizan tareas habituales, como la planificación de capacidad futura, la gestión de energía y refrigeración, y el seguimiento de la utilización del espacio en racks. Al delegar estas actividades en procesos automáticos, el personal de

TI puede concentrarse en proyectos de mayor envergadura y relevancia estratégica. Por ejemplo, las funciones avanzadas de planificación de capacidad analizan tendencias históricas y necesidades futuras, permitiendo a los equipos programar expansiones antes de alcanzar límites que podrían generar ralentizaciones en el servicio. El DCIM también optimiza la gestión de energía y refrigeración al garantizar un uso eficiente de los recursos, lo que reduce el desperdicio energético y disminuye los costos operativos. Las herramientas de planificación de espacio ayudan a evitar áreas subutilizadas en los racks y aumentan la densidad, algo particularmente valioso cuando se busca crecer sin ocupar más superficie en planta.

Operar un centro de datos puede resultar costoso, pero las herramientas DCIM contribuyen de manera decisiva a mantener esos costos bajo control. Al automatizar tareas rutinarias y optimizar el uso de recursos, se reduce la necesidad de intervenciones manuales correctivas. Esto genera ahorros significativos a lo largo del tiempo. El DCIM facilita la identificación de desperdicios energéticos mediante el análisis detallado del consumo eléctrico, destacando dónde pequeños ajustes —como modificar configuraciones de temperatura o refinar el flujo de energía— pueden tener un impacto considerable. Asimismo, las herramientas detectan equipos subutilizados o obsoletos, ayudando a los equipos a decidir qué retirar o consolidar. Esta visión evita compras innecesarias de hardware adicional. Detectar incidencias de forma temprana también previene paradas costosas y reparaciones de última hora.

La mejora en la toma de decisiones constituye otro beneficio sustancial del DCIM. La plataforma ofrece una imagen clara y actualizada del funcionamiento global. Esto facilita planificar actualizaciones, reasignar recursos y programar mantenimientos con mayor seguridad y confianza. Las funciones integradas de informes permiten visualizar indicadores clave de rendimiento de un vistazo y seguir la evolución de las mejoras. Con el tiempo, los datos acumulados revelan patrones que no resultan evidentes al observar sistemas de forma aislada. Esta perspectiva a largo plazo ayuda a anticipar problemas antes de que se manifiesten. Los informes y paneles de control transforman cifras en representaciones visuales fáciles de interpretar, lo que simplifica compartir avances e identificar áreas que requieren atención inmediata.

El mercado ofrece una amplia variedad de herramientas de software DCIM, cada una con sus propias fortalezas y limitaciones particulares. Entre las opciones más reconocidas se encuentran StruxureWare Data Center Expert de Schneider Electric, Spectrum de CA Technologies y el software de Nlyte. Estas soluciones suelen incluir funcionalidades como planificación de capacidad, gestión de energía y refrigeración, seguimiento de espacio y gestión de cambios. Sin embargo, las características disponibles pueden variar entre proveedores y también según la versión del software. Elegir la herramienta adecuada exige evaluar con detenimiento su ajuste a las necesidades específicas del centro de datos.

StruxureWare Data Center Expert de Schneider Electric destaca por su amplitud de capacidades. Cubre prácticamente todos los aspectos de la infraestructura del centro de datos y ofrece herramientas avanzadas para mantenimiento predictivo y planificación de capacidad. Permite gestionar con mayor eficiencia tanto los sistemas de energía como los de refrigeración, reduciendo el consumo energético mientras mejora el rendimiento. El software incluye además herramientas de informes detallados que proporcionan una visión profunda del estado y el desempeño de los sistemas, permitiendo a los equipos identificar tendencias y responder con prontitud a posibles incidencias.

Spectrum de CA Technologies se centra principalmente en la gestión de infraestructura de TI. Aunque ofrece cierto soporte para sistemas físicos, su principal fortaleza reside en proporcionar una visión unificada de servidores, dispositivos de almacenamiento y equipos de red. Esto lo convierte en una opción idónea para empresas que buscan administrar tanto entornos virtuales como físicos desde un único panel de control. Consolida toda la información en un solo lugar, permitiendo a los equipos de TI mantener un control preciso del rendimiento y reaccionar rápidamente ante cualquier problema.

Nlyte Software representa otra solución DCIM sólida con un énfasis notable en la planificación de capacidad y la gestión de cambios en la infraestructura. Permite a los equipos mapear con detalle toda su configuración, lo que facilita pronosticar con precisión las necesidades de energía y espacio. Sus herramientas de gestión de cambios aseguran que cualquier actualización o modificación quede debidamente registrada y aprobada, reduciendo el riesgo de errores o interrupciones.

La selección de la herramienta DCIM adecuada depende de múltiples factores: el tamaño del centro de datos, la complejidad de su configuración, las necesidades específicas de la empresa y el presupuesto disponible. Una revisión detallada de cada opción resulta imprescindible. Esto implica comparar las funcionalidades disponibles, evaluar la escalabilidad del sistema y determinar su grado de integración con el entorno actual. Cuando se realiza correctamente, una solución DCIM puede marcar una diferencia sustancial en la fluidez de las operaciones, en los costos operativos y en la calidad de la toma de decisiones.

Varias plataformas DCIM avanzadas van más allá de lo básico, incorporando funcionalidades como flujos de trabajo automatizados, analítica predictiva e integración fluida con otras herramientas. Los flujos automatizados reducen el trabajo manual al ejecutar tareas rutinarias en segundo plano, liberando recursos para actividades más complejas. Esto ahorra tiempo y permite al equipo de TI enfocarse en objetivos estratégicos. La analítica predictiva, impulsada por aprendizaje automático, detecta problemas con antelación al analizar patrones históricos y alertar al equipo antes de que se produzcan fallos. La integración con otros sistemas —como plataformas de gestión de edificios (BMS) o herramientas de gestión de servicios de TI (ITSM)— genera una visión integral de toda la operación, desde la sala técnica hasta la nube.

El éxito de una implementación DCIM no depende únicamente del software: requiere una planificación adecuada. Todo proyecto debe comenzar con una comprensión clara de los objetivos que la empresa desea alcanzar. A partir de ahí, es fundamental seleccionar un sistema compatible con las herramientas existentes y elaborar un plan que contemple la instalación, los plazos y las responsabilidades. Todos los involucrados deben conocer con precisión lo que se espera de ellos, y cualquier riesgo o obstáculo debe identificarse y anticiparse de antemano. Esto evita demoras y facilita una implementación más fluida. El mantenimiento posterior al lanzamiento resulta tan importante como la puesta en marcha inicial. Las actualizaciones de software, las revisiones periódicas y el soporte continuo son esenciales para preservar el rendimiento óptimo del sistema. Un contrato de soporte sólido con el proveedor puede ofrecer asistencia rápida cuando surjan dificultades.

La formación no debe limitarse a la fase inicial: sesiones continuas aseguran que el personal permanezca actualizado y pueda aprovechar al máximo todas las funcionalidades del sistema.

Las herramientas DCIM se han vuelto esenciales para gestionar centros de datos de manera efectiva. Permiten monitorear y controlar desde la energía hasta el espacio, logrando una mejor utilización de recursos, menores costos y decisiones más informadas. La herramienta DCIM adecuada, combinada con una planificación sólida, actualizaciones regulares y un equipo bien capacitado, puede transformar por completo la operación de un centro de datos. Los beneficios trascienden lo económico y lo operativo: incluyen operaciones más robustas, respuestas más rápidas ante incidencias y una comprensión mucho más profunda del entorno completo. Adoptar un enfoque inteligente y detallado para elegir e implementar un sistema DCIM representa la mejor garantía de que la inversión genere un retorno significativo y duradero.

Sistemas de Gestión de Edificios (BMS)

Los Sistemas de Gestión de Edificios (BMS) resultan esenciales para supervisar el entorno general de un centro de datos moderno. Mientras que las herramientas DCIM se centran principalmente en el ámbito de TI —servidores, almacenamiento y equipos de red—, el BMS abarca los sistemas más amplios del edificio. Esto incluye climatización (HVAC), distribución eléctrica, protección contra incendios, seguridad física y otros componentes críticos que mantienen la instalación operativa. Cuando el BMS se integra adecuadamente con el DCIM y otras herramientas de gestión, se facilita enormemente la mejora de la eficiencia, la reducción del consumo energético y la prevención de interrupciones no planificadas.

Un BMS funciona como un sistema central de control que monitorea las distintas partes del edificio mediante sensores, controladores y actuadores. Estos dispositivos recopilan datos de forma continua, vigilando condiciones como temperatura, humedad, flujo de aire y consumo eléctrico. La información se envía a una plataforma central donde se analiza y se toman decisiones. En función de los datos, el BMS puede ajustar automáticamente los sistemas del edificio. Por ejemplo, si la temperatura supera el nivel objetivo, el sistema incrementa la capacidad de refrigeración para devolverla a valores seguros. Esta respuesta en tiempo real protege el equipo y mantiene un entorno estable.

Una de las mayores ventajas de incorporar un BMS en un centro de datos radica en su capacidad para mejorar la visibilidad y la detección temprana. Al monitorear simultáneamente múltiples aspectos de la instalación, identifica rápidamente cualquier anomalía. Esto permite a los equipos abordar problemas menores antes de que escalen a fallos mayores. Si una unidad HVAC comienza a presentar irregularidades, el BMS genera una alerta antes de que la temperatura alcance niveles dañinos. Si se produce un pico repentino en el consumo eléctrico, el sistema lo señala, dando tiempo al equipo para intervenir antes de que derive en una falla o interrupción.

Otro rol fundamental del BMS consiste en controlar diversos sistemas para que operen con mayor eficiencia. Ajusta calefacción, refrigeración, humedad e iluminación según las condiciones en tiempo real, manteniendo el entorno óptimo sin desperdiciar energía. Con el tiempo, esto genera ahorros significativos. Muchas configuraciones modernas de BMS incorporan algoritmos inteligentes y herramientas predictivas que determinan la forma más eficiente de utilizar la energía, basándose en datos en tiempo real y en cambios anticipados. Este control inteligente permite mantener la eficiencia sin intervención manual constante.

Controlar el consumo energético constituye una prioridad máxima en cualquier centro de datos, y el BMS desempeña un papel decisivo en este ámbito. El sistema registra cuánto, dónde y cuándo se consume energía. Esta información ayuda a los equipos a identificar oportunidades de ahorro: ajustar puntos de consigna de refrigeración, establecer horarios más inteligentes para el HVAC o participar en programas de respuesta a la demanda para reducir la carga en horas pico. Dado que la refrigeración representa uno de los mayores gastos energéticos en un centro de datos, cualquier mejora en este aspecto tiene un impacto real. Una forma en que el BMS contribuye es aprovechando la refrigeración gratuita cuando las temperaturas exteriores son suficientemente bajas: en lugar de depender exclusivamente de enfriadores mecánicos, el sistema introduce aire fresco del exterior, reduciendo considerablemente los costos de refrigeración mecánica.

El BMS también optimiza el funcionamiento de las unidades CRAC (Computer Room Air Conditioning) y CRAH (Computer Room Air Handling). Ajusta su velocidad y potencia según la demanda real de refrigeración en tiempo real. De esta manera, el sistema consume únicamente la energía estrictamente necesaria, evitando desperdicios mientras protege el equipo del sobrecalentamiento.

Más allá del consumo energético, el BMS aporta valor al mejorar la seguridad y la protección. Se integra con los sistemas contra incendios para monitorear alarmas y activar mecanismos de supresión cuando sea necesario. También puede conectarse con funciones de seguridad como control de accesos, cámaras de videovigilancia y detectores de movimiento. Esto hace que el edificio sea más seguro y garantiza que solo personal autorizado acceda a zonas sensibles. En conjunto, estas características incrementan la fiabilidad y la seguridad del centro de datos. Cuando se combina con el DCIM y otras herramientas, el BMS ofrece a los operadores una visión completa de lo que ocurre en la instalación. Ayuda a prevenir problemas, favorece un uso más eficiente de la energía y protege tanto a las personas como al equipo. Con una planificación inteligente y una buena integración, el BMS deja de ser un mero sistema de control para convertirse en un elemento central del funcionamiento diario fluido del centro de datos.

La integración de los Sistemas de Gestión de Edificios (BMS) con otras herramientas del centro de datos, como las plataformas DCIM, resulta crucial para establecer una solución de gestión integral y unificada. Esta integración permite que ambos sistemas compartan datos, ofreciendo a los operadores una imagen completa del rendimiento y el entorno del centro de datos. Al trabajar de manera conjunta, los equipos pueden tomar decisiones más acertadas, anticiparse a los problemas y optimizar las operaciones cotidianas de la instalación.

Esta colaboración entre sistemas habilita respuestas inteligentes y automatizadas. Por ejemplo, si el BMS detecta que la temperatura supera un límite seguro, transmite esa información a la plataforma DCIM. A partir de ahí, el sistema DCIM puede activar acciones específicas, como aumentar la capacidad de refrigeración o redistribuir cargas eléctricas para mitigar el riesgo. Este nivel de coordinación previene interrupciones del servicio y protege el equipo de daños.

Algunos centros de datos de gran escala ya emplean configuraciones avanzadas de BMS que demuestran el verdadero valor de estos sistemas. Estas plataformas no se limitan a controlar HVAC e iluminación: utilizan analítica de datos para predecir incidencias antes de que generen problemas. Con sensores y software inteligente, los BMS alertan al personal sobre posibles fallos con antelación. Por ejemplo, si una unidad de refrigeración muestra tendencias de rendimiento anómalas, el sistema la señala para mantenimiento preventivo, reduciendo tiempos de inactividad y costos de reparación.

El BMS también desempeña un papel importante en el cumplimiento de requisitos regulatorios. Los centros de datos deben ajustarse a directrices estrictas en materia de consumo energético e impacto ambiental. Los datos recopilados por el BMS facilitan demostrar el cumplimiento. Los informes y registros generados por el sistema rastrean el uso de energía, el rendimiento de los sistemas y la cantidad de refrigeración suministrada. Este nivel de detalle respalda auditorías y ayuda a alcanzar objetivos de eficiencia exigentes.

Antes de instalar un BMS, los operadores de centros de datos deben planificar con cuidado. Cada instalación tiene necesidades particulares, y la fase de planificación debe incluir una revisión exhaustiva de los sistemas que se conectarán al BMS. Los equipos deben seleccionar el hardware y software adecuados, definir las capacidades del sistema y detallar su uso previsto. Igual de importante resulta garantizar que todo el personal esté debidamente capacitado para operar y mantener el sistema. Un equipo bien formado constituye la clave para maximizar el retorno de la inversión. Una vez en marcha, el mantenimiento continuo resulta crítico: aplicar actualizaciones de software, inspeccionar el hardware y realizar revisiones periódicas asegura que todo funcione según lo previsto.

El soporte continuo del proveedor ayuda a resolver incidencias con rapidez y mantiene la fiabilidad del sistema. Cuando se cuida adecuadamente, un

BMS puede ofrecer un rendimiento sólido durante muchos años, convirtiéndose en un activo a largo plazo de gran valor.

A medida que más centros de datos integran el BMS con otras herramientas, los beneficios se hacen aún más evidentes. La integración conduce a operaciones más fluidas, menores costos y menos fallos inesperados. Lo que antes se consideraba un complemento ha pasado a ser un componente estándar de la gestión inteligente de centros de datos. La clave reside en establecer objetivos claros desde el inicio, seleccionar sistemas compatibles entre sí y asegurar que las personas que los operan estén plenamente capacitadas y respaldadas.

Las plataformas BMS avanzadas actuales van mucho más allá del simple monitoreo: ayudan a planificar, predecir y ajustar. Los datos que recopilan sirven para reducir el desperdicio energético, mejorar la disponibilidad y mantener el centro de datos más seguro y eficiente. Esto también prepara el terreno para el crecimiento y la innovación futuros, especialmente ante el aumento continuo de las demandas sobre los centros de datos. El mantenimiento predictivo, la automatización inteligente y una mejor visibilidad transversal de los sistemas confluyen para sostener un rendimiento sólido y estable.

Al integrar BMS y DCIM con una estrategia clara, los operadores de centros de datos pueden crear una infraestructura preparada para cualquier escenario. Combinar una planificación sólida, la tecnología adecuada y un equipo bien formado genera mejores resultados, menos sorpresas y éxito a largo plazo. La capacidad de anticipar incidencias, eliminar costos innecesarios y mantener un rendimiento fiable convierte al BMS en un elemento indispensable de cualquier centro de datos moderno.

Aprovechamiento de SharePoint para la Colaboración y la Documentación

SharePoint va mucho más allá de ser un simple repositorio de archivos; se ha convertido en una plataforma fiable para gestionar los numerosos componentes de las operaciones de un centro de datos. Su capacidad para concentrar documentos, comunicaciones y actualizaciones de proyectos en un único lugar lo convierte en una herramienta clave durante la transición de la fase de construcción a una instalación plenamente operativa. Al organizar todo de manera estructurada, SharePoint facilita el acceso y el uso de la información importante, lo que reduce errores y permite que los equipos trabajen de forma coordinada y fluida.

Una de las mayores ventajas de utilizar SharePoint radica en su capacidad para simplificar la documentación. En lugar de buscar entre correos electrónicos, múltiples carpetas o copias en papel desactualizadas, los equipos pueden almacenar todo en una ubicación única y fácilmente buscable.

Esto incluye planos, especificaciones técnicas, manuales de operación, registros de servicio y mucho más. Al trabajar todos desde la misma fuente, se minimiza la confusión y el tiempo perdido. Por ejemplo, se puede crear un sitio de SharePoint independiente para cada sistema principal —como climatización (HVAC), energía eléctrica o seguridad—. Cada sitio puede contener diagramas detallados, historiales de mantenimiento, listas de repuestos y cronogramas. Esta organización permite a los técnicos obtener exactamente la información que necesitan al realizar reparaciones o revisiones, reduciendo así el tiempo de inactividad y aumentando la productividad.

El control de versiones constituye otra fortaleza clave en un centro de datos, donde las actualizaciones son frecuentes y la precisión resulta esencial; es fundamental rastrear cada modificación. SharePoint gestiona esto de forma automática al registrar cada edición y permitir a los usuarios retroceder a versiones anteriores si es necesario. Esta funcionalidad resulta especialmente valiosa durante la resolución de incidencias o revisiones de sistemas. Por ejemplo, si una nueva actualización de software genera problemas de rendimiento en un servidor, los administradores pueden recuperar rápidamente versiones previas de la configuración para identificar qué cambió. Esto acorta el tiempo necesario para solucionar el problema y ayuda a prevenir interrupciones adicionales, mejorando la disponibilidad y reduciendo los costos asociados a fallos del sistema.

La colaboración también recibe un impulso significativo gracias a SharePoint. Con la edición en tiempo real, varios miembros del equipo pueden trabajar simultáneamente en el mismo documento, eliminando el intercambio constante de correos y las confusiones con versiones. Ya sea que el equipo de puesta en marcha publique resultados de pruebas o el equipo de construcción actualice su cronograma, todos ven los cambios al instante. Este espacio compartido genera confianza y mantiene a todos alineados, haciendo que la coordinación de proyectos sea mucho más efectiva. En lugar de trabajar en compartimentos estancos, los equipos permanecen conectados e informados. Las herramientas de flujo de trabajo integradas en la plataforma llevan las cosas un paso más allá. Se pueden crear flujos personalizados para gestionar el proceso de aprobación de actualizaciones críticas, asegurando que todo cambio sea revisado antes de implementarse. Esto reduce riesgos y añade una capa de control sobre las modificaciones en sistemas y configuraciones.

Por ejemplo, cuando alguien propone un cambio en el plano de planta del centro de datos, SharePoint puede enrutar automáticamente la solicitud a arquitectos, ingenieros y gerentes de instalaciones para obtener retroalimentación y aprobación. Esto garantiza que no se pase por alto ningún detalle y que se cumplan siempre las normas de seguridad. Al eliminar demoras y pasos manuales, el proceso se vuelve más ágil y confiable.

Cada una de estas características —documentación centralizada, seguimiento de versiones, colaboración y flujos de trabajo— convierte a SharePoint en algo más que una biblioteca de documentos. Se transforma en una herramienta vital para gestionar la complejidad de las operaciones de un centro de datos. Cuando todos utilizan la misma plataforma, la información fluye con mayor libertad, las decisiones se toman más rápido y el conjunto de la operación funciona de manera más fluida.

La planificación también se simplifica. Con registros de cada paso, cada cambio y cada equipo involucrado, es posible revisar retrospectivamente qué funcionó y qué no. Esta perspectiva resulta invaluable para futuros proyectos de construcción, ampliaciones y mantenimiento continuo.

Además, evita repetir los mismos errores, lo que ahorra tiempo y dinero a largo plazo. Incorporar SharePoint en los entornos de centros de datos no se limita a disponer de un lugar para guardar documentos: se trata de construir un sistema que favorezca una comunicación clara, respuestas rápidas y una fuerte rendición de cuentas. Con todo concentrado en un solo lugar y las herramientas adecuadas para gestionarlo, SharePoint ayuda a los centros de datos a mantenerse en curso y a abordar proyectos complejos con confianza y control.

El uso de SharePoint para la formación y el intercambio de conocimientos ofrece beneficios sustanciales en las operaciones de un centro de datos. Proporciona a los equipos una ubicación central para almacenar materiales de capacitación, vídeos, guías de usuario y otros recursos valiosos. Al tener todo en un único sitio, el personal puede encontrar fácilmente la información necesaria para realizar su trabajo correctamente. Esta configuración no solo hace que la formación sea más consistente, sino que también reduce la probabilidad de errores. Los nuevos empleados, por ejemplo, pueden acceder a contenidos de incorporación que abarquen procedimientos operativos estándar, pasos de emergencia y normas de seguridad. Al mismo tiempo, los técnicos experimentados pueden consultar instrucciones de mantenimiento, consejos de reparación o especificaciones técnicas sin tener que buscar documentos dispersos en distintos sistemas o entre compañeros.

Las herramientas de gestión de proyectos integradas en SharePoint aportan un valor aún mayor. Funcionalidades como la asignación de tareas, el seguimiento de plazos y el reporte de incidencias permiten a los líderes de proyecto supervisar cada etapa de un trabajo con precisión. Esta visibilidad facilita detectar problemas tempranamente y realizar ajustes rápidos. Ese nivel de control ayuda a evitar retrasos y mantiene los costos bajo control. Al construir un nuevo centro de datos, por ejemplo, cada fase del proyecto puede rastrearse mediante SharePoint. Cada tarea se asigna a una persona o equipo, mientras el sistema monitorea el avance y resalta aquellas que se rezagan. Los gerentes pueden entonces reasignar recursos o modificar el cronograma según sea necesario para mantener el ritmo.

La capacidad de conectar SharePoint con otras herramientas lo hace aún más efectivo. Cuando se integra con sistemas DCIM, por ejemplo, SharePoint ofrece una visión más completa de lo que ocurre tanto en la capa de TI como en la de instalaciones del centro de datos. Esto favorece una colaboración más eficaz entre equipos, mejora la toma de decisiones y enriquece los informes. Imaginemos una situación en la que el sistema DCIM detecta un aumento en la temperatura de la sala de servidores. Al sincronizarse con SharePoint, se puede enviar una alerta directamente a las personas adecuadas, dándoles la oportunidad de corregir el problema antes de que cause daños.

Aprovechamiento de SharePoint para la Colaboración y la Documentación (continuación)

Una respuesta rápida mantiene los sistemas estables y previene problemas de mayor envergadura.

No basta con instalar el software y esperar que funcione por sí solo. Una implementación adecuada implica determinar quién es responsable de qué, establecer una estructura de carpetas lógica y definir directrices claras para la nomenclatura y el almacenamiento de documentos. Esto facilita enormemente su localización y mantiene el sistema ordenado y limpio. Además, todos los usuarios necesitan formación, no solo en lo básico —como cargar archivos o encontrar carpetas—, sino también en herramientas más avanzadas, como configurar flujos de trabajo o crear alertas personalizadas. Cuando las personas comprenden cómo sacar partido de estas funcionalidades, SharePoint se integra de forma natural en su rutina diaria en lugar de percibirse como una tarea adicional.

La seguridad debe tomarse muy en serio, especialmente en el entorno de un centro de datos. Solo el personal autorizado debe poder visualizar o modificar información sensible. Esto requiere establecer controles de acceso estrictos y revisarlos periódicamente para garantizar que sigan siendo apropiados. Las auditorías de seguridad y las pruebas de penetración deben realizarse de manera rutinaria para detectar puntos débiles. Una seguridad robusta incluye el uso de autenticación en dos factores, el cifrado de archivos sensibles y la actualización constante del software. Estas medidas protegen los datos frente a amenazas internas y externas, asegurando que el sistema permanezca seguro en todo momento.

El costo es otro aspecto que no puede pasarse por alto. Las organizaciones deben considerar el precio total de SharePoint: no solo la licencia, sino también el gasto en servidores (si se aloja en local), el tiempo invertido en formación y el soporte continuo necesario para mantener la plataforma en óptimas condiciones. Realizar un análisis costo-beneficio permite equilibrar estos gastos frente a las ventajas obtenidas: procesos más rápidos, menos errores y una colaboración notablemente mejorada. Cuando se planifica con rigor, los beneficios superan ampliamente la inversión; sin embargo, una planificación exhaustiva resulta indispensable para lograrlo.

Cuando se utiliza de forma estratégica, SharePoint trasciende su función de mero repositorio de documentos. Se convierte en una herramienta poderosa que respalda prácticamente todos los aspectos del centro de datos: gestión de cambios, intercambio de conocimientos y operación fluida del conjunto.

Desde la formación y la documentación hasta la comunicación y la gestión de tareas, SharePoint incide en cada faceta de las operaciones diarias. Sus funciones de automatización reducen el trabajo manual, mientras que sus herramientas de colaboración en tiempo real acercan a los equipos y fortalecen su cohesión.

El éxito depende de una planificación cuidadosa, una formación adecuada de los usuarios y un mantenimiento sostenido en el tiempo. Con estos elementos en su lugar, SharePoint se transforma en un componente confiable del flujo de trabajo diario del centro de datos: uno que permite a las personas realizar su labor de manera más rápida, efectiva y segura. El resultado es una operación más inteligente, más conectada y más resiliente, preparada para afrontar cualquier desafío futuro.

Monitoreo y Gestión Remota

Las tecnologías de monitoreo y gestión remota resultan cruciales para mantener el funcionamiento fluido y eficiente de los centros de datos modernos. Estas herramientas permiten a los equipos supervisar el equipamiento, detectar incidencias y resolver problemas sin necesidad de presencia física en el sitio. Esto ahorra tiempo, reduce costos y ayuda a prevenir interrupciones. Cuando se utilizan correctamente, estas tecnologías incrementan la fiabilidad y permiten respuestas rápidas ante fallos técnicos que, de otro modo, podrían derivar en disrupciones graves.

Una de las herramientas clave en este ámbito es la gestión remota de energía. Permite a los equipos controlar y monitorear dispositivos como Unidades de Distribución de Energía (PDU) y Sistemas de Alimentación Ininterrumpida (UPS) desde una ubicación central. Las PDU avanzadas incluso posibilitan el control de la energía a nivel de toma individual. Esto significa que, si un equipo se bloquea o requiere un reinicio, un técnico puede realizar un ciclo de encendido/apagado remoto en esa toma específica. Esta capacidad resulta de gran utilidad durante la resolución de incidencias y también apoya el mantenimiento preventivo. Además, estos sistemas proporcionan datos detallados sobre consumo eléctrico, voltaje y niveles de carga. Cuando se produce algo inusual —como un pico repentino de voltaje o una caída en la alimentación—, se envían alertas inmediatas para que el personal intervenga antes de que el problema se agrave. Estas advertencias tempranas pueden marcar la diferencia entre una solución rápida y una interrupción costosa.

La capacidad de reinicio remoto representa otro ahorro significativo de tiempo. Si un servidor se bloquea o el software se congela, el personal de TI puede reiniciarlo desde cualquier lugar sin esperar a llegar físicamente al sitio. Por ejemplo, ante un fallo que deje colgado un servidor crítico, el administrador puede iniciar un reinicio remoto en cuestión de minutos. Esto acelera el tiempo de recuperación, mejora la disponibilidad y reduce la necesidad de enviar a alguien solo para presionar un botón o accionar un interruptor.

Además de los sistemas de energía, el monitoreo ambiental resulta igual de importante. Sensores distribuidos por todo el centro de datos miden en tiempo real temperatura, flujo de aire, humedad y otros factores ambientales. Estas lecturas se envían a un sistema central que supervisa el rendimiento y genera alertas cuando las condiciones salen de los rangos establecidos. Si, por instancia, la temperatura dentro de un rack comienza a aumentar con demasiada rapidez, podría indicar la falla de una unidad de refrigeración. El sistema de monitoreo lo detecta de inmediato, permitiendo al equipo responder antes de que los servidores sufran sobrecalentamiento. Esto protege el equipamiento y minimiza el riesgo de interrupciones del servicio.

Las cámaras suelen emplearse junto con los sensores ambientales. La instalación de sistemas de monitoreo visual en todo el centro de datos aporta una capa adicional de supervisión. Las transmisiones de vídeo combinadas con los datos ambientales ofrecen a los operadores una imagen mucho más clara de lo que está ocurriendo. Ya sea un conducto de ventilación obstruido, un interruptor disparado o un acceso no autorizado a una zona sensible, la visibilidad remota permite respuestas más rápidas y un mayor control sobre la instalación.

La gestión remota de infraestructura va más allá de la energía y el control climático. También incluye el acceso y control de equipamiento esencial, como servidores, switches y sistemas de almacenamiento. Con las herramientas adecuadas, los técnicos pueden conectarse a los paneles de los dispositivos, aplicar parches de software, ajustar configuraciones y monitorear métricas de rendimiento. Esto permite detectar incidencias tempranamente y resolverlas con rapidez. Por ejemplo, si un switch de rack superior muestra signos de ralentización, el acceso remoto permite ejecutar diagnósticos, optimizar ajustes o desplegar una actualización de firmware sin necesidad de entrar al centro de datos.

La posibilidad de gestionar todos estos sistemas desde una única ubicación agiliza las operaciones diarias y reduce la carga sobre el personal. Los equipos ya no tienen que esperar a que los problemas escalen ni enviar a alguien para cada intervención menor. En su lugar, resuelven incidencias en el momento en que se detectan y, gracias al monitoreo continuo, muchos fallos se evitan por completo.

El monitoreo remoto también mejora la planificación a largo plazo. Al recopilar datos sobre el rendimiento de los sistemas a lo largo del tiempo, los administradores pueden identificar tendencias y programar actualizaciones o reemplazos antes de que se produzcan fallos. Los patrones de consumo energético, las variaciones de temperatura y los registros de desempeño del equipamiento contribuyen a tomar decisiones más inteligentes sobre mantenimiento, capacidad y futuras expansiones.

Estas tecnologías ofrecen tranquilidad a los responsables de los centros de datos, al saber que pueden supervisar cada sistema y reaccionar con rapidez desde cualquier lugar. A medida que los centros de datos crecen y evolucionan, el monitoreo y la gestión remota seguirán siendo fundamentales para garantizar disponibilidad, seguridad y eficiencia, todo ello mientras se controlan costos y tiempos de respuesta.

Las herramientas de monitoreo de red resultan clave para mantener la red del centro de datos saludable y operando según lo esperado. Estas herramientas rastrean datos en tiempo real, como uso de ancho de banda, flujo de tráfico y niveles de latencia. Los sistemas más avanzados permiten identificar ralentizaciones y otros problemas de rendimiento antes de que generen impactos reales. La mayoría de las plataformas ofrecen paneles visuales que muestran el estado general de la red, facilitando a los equipos detectar y resolver incidencias con prontitud. Cuando se incorpora analítica predictiva, el monitoreo de red gana aún más valor: al analizar datos históricos, estas herramientas identifican tendencias y predicen posibles interrupciones antes de que ocurran. Esto permite programar mantenimientos preventivos y evitar tiempos de inactividad.

Los servicios de manos remotas ofrecen a los centros de datos una forma de responder físicamente cuando la resolución remota no resulta suficiente. Estos servicios proporcionan técnicos capacitados en sitio que siguen instrucciones de administradores remotos. Ya sea cambiar un disco fallido o conectar un nuevo switch, el personal de manos remotas puede intervenir sin que el equipo del cliente tenga que desplazarse. Esto ahorra tiempo y dinero, especialmente para empresas que gestionan centros de datos de forma remota. Contar con ayuda especializada disponible bajo demanda asegura que las tareas se completen rápidamente, sin demoras por viajes o agendas.

La elección del conjunto adecuado de monitoreo y gestión remota depende del tamaño del centro de datos, la complejidad de sus sistemas y las necesidades reales del negocio. El costo también constituye un factor decisivo. Comenzar con las herramientas de monitoreo más críticas y expandir gradualmente suele ser el enfoque más efectivo. Igualmente importante resulta priorizar la seguridad: cualquier sistema remoto debe contar con controles de acceso robustos para bloquear usuarios no autorizados y mantener el entorno protegido.

Contar con las herramientas adecuadas resulta esencial, pero disponer de una estrategia sólida lo es aún más. Todo equipo debe tener Procedimientos Operativos Estándar (SOP) claros para manejar incidencias de forma remota. Estos SOP deben abarcar desde diagnósticos hasta planes de escalamiento. La formación debe ser continua: los miembros del equipo necesitan familiarizarse con las herramientas y ganar confianza en su uso para resolver problemas.

La comunicación fluida entre equipos remotos y personal en sitio constituye otro elemento crítico. Cuando surge una incidencia, ambas partes deben colaborar con rapidez. Un sistema centralizado de tickets ayuda a mantener el orden, asegurando que cada problema se rastree y resuelva adecuadamente. De esta forma, ninguna incidencia pasa desapercibida y los tiempos de respuesta permanecen cortos incluso en emergencias.

La planificación para el monitoreo y la gestión remota no se limita a las herramientas: implica diseñar un sistema capaz de operar bajo presión y crecer con el tiempo. Antes de implementar nada, debe realizarse una evaluación exhaustiva de necesidades. Esta revisión debe analizar los requisitos actuales y anticipar las demandas futuras del centro de datos. Los sistemas deben construirse con redundancia para evitar puntos únicos de fallo y con escalabilidad para soportar el crecimiento y la expansión.

El mantenimiento continuo resulta indispensable. Las actualizaciones de software, las revisiones de hardware y las auditorías de seguridad periódicas deben formar parte de la rutina. Si se descuidan estas tareas, el rendimiento puede degradarse o, peor aún, la seguridad puede verse comprometida. Al mantener estos aspectos al día, los equipos aseguran que los sistemas de monitoreo permanezcan fiables y protegidos.

El impacto del monitoreo y la gestión remota resulta significativo. Estas herramientas reducen el tiempo de inactividad al detectar incidencias tempranamente y resolverlas con rapidez. Disminuyen los costos operativos al minimizar las visitas al sitio. También mejoran la agilidad de los equipos, haciendo la operación completa más flexible. Una supervisión más completa incrementa la seguridad: cuando los administradores cuentan con visibilidad total sobre lo que ocurre en la instalación, pueden bloquear accesos o aplicar medidas correctivas de inmediato. Finalmente, estos sistemas facilitan la expansión: añadir nuevos servidores, dispositivos o sitios enteros resulta mucho más sencillo cuando ya existe un sistema de gestión remota establecido.

El monitoreo y la gestión remota ya no son complementos útiles: forman parte esencial de las operaciones modernas de los centros de datos. Sin ellos, resulta más difícil mantener la disponibilidad, cumplir objetivos de rendimiento o controlar costos. Con ellos, las instalaciones se vuelven más eficientes, seguras y adaptables. Las herramientas y estrategias que se elijan tendrán un impacto decisivo en el desempeño actual del centro de datos y en su capacidad para adaptarse al futuro.

La tecnología en este campo sigue avanzando, ofreciendo nuevas formas de potenciar la fiabilidad y el rendimiento. Mantenerse actualizado sobre las últimas opciones resulta fundamental para cualquier responsable de centro de datos. Quienes continúan aprendiendo y adaptándose son los que logran anticiparse a los problemas, reducir riesgos y sacar el máximo provecho de su infraestructura.

Análisis Predictivo para la Optimización de Centros de Datos

El análisis predictivo combina datos históricos, lecturas en tiempo real de sensores y algoritmos inteligentes para identificar posibles incidencias y tendencias de rendimiento en el centro de datos. Este enfoque proactivo representa un avance significativo respecto al método reactivo tradicional, en el que los equipos solo intervenían una vez que algo fallaba. Esperar a que se produzcan averías genera tiempos de inactividad costosos y disrupciones importantes. Con el análisis predictivo, los responsables pueden detectar problemas con antelación, tomar medidas preventivas y utilizar los recursos de forma mucho más efectiva. El resultado son menos fallos, mayor eficiencia y una fiabilidad general notablemente fortalecida, junto con ahorros económicos sustanciales.

En el núcleo del análisis predictivo se encuentra una recopilación de datos sólida. Para generar pronósticos precisos, el sistema requiere una amplia gama de información procedente de todo el centro de datos: estadísticas de consumo eléctrico, lecturas ambientales como temperatura y humedad, informes de tráfico de red y datos de rendimiento de TI. Cuantos más detalles disponga, mejores serán sus resultados. Por ejemplo, analizar el consumo energético de los últimos meses puede revelar patrones, como picos de demanda estacionales. Anticipar estos picos permite planificar con precisión y evita que la capacidad eléctrica se vea sobrepasada en periodos de alta actividad. De igual modo, el seguimiento prolongado de los datos del sistema de refrigeración puede detectar un deterioro gradual del rendimiento. Esta señal temprana habilita al equipo para intervenir antes de que derive en una falla total que afecte a servidores críticos.

Una vez recopilados los datos, algoritmos avanzados —impulsados por aprendizaje automático— los procesan para detectar patrones y riesgos. Estas herramientas identifican anomalías que se salen de los rangos normales y pronostican lo que podría ocurrir a continuación. Si determinados tipos de discos duros o componentes de servidores tienden a fallar tras un número específico de horas de operación, el sistema los señalará con antelación. Esto permite al personal reemplazarlos antes de que se produzca una interrupción. Esta capacidad de anticipación elimina sorpresas y mantiene los sistemas en funcionamiento sin paradas imprevistas.

El tráfico de red constituye otro ámbito donde el análisis predictivo destaca con fuerza. Al monitorear ralentizaciones o picos de uso, el sistema puede alertar a los equipos antes de que se produzca congestión, previniendo problemas mayores. También puede recomendar ajustes en la asignación de recursos de red para garantizar un rendimiento equilibrado y eficiente incluso en momentos de máxima demanda.

Una de las ventajas más destacadas del análisis predictivo radica en su capacidad para optimizar el mantenimiento. En lugar de seguir calendarios fijos que pueden no ajustarse al desgaste real, los equipos utilizan datos para determinar el momento óptimo de intervención. Esto reduce trabajos de servicio innecesarios y prioriza las piezas más críticas. Por ejemplo, si los ventiladores de refrigeración comienzan a vibrar más de lo habitual, esa anomalía indica un fallo inminente. El análisis predictivo lo detecta y alerta al equipo, que puede sustituir el componente antes de que falle. Lo mismo ocurre con los discos duros: el seguimiento de sus indicadores de salud permite reemplazar unidades envejecidas antes de que se pierda información.

Más allá de las reparaciones, el análisis predictivo resulta una herramienta poderosa para la planificación de capacidad. Ayuda a comprender cómo evoluciona el uso y qué recursos se necesitarán en el futuro. El análisis de tendencias en consumo energético, carga de servidores y demanda de almacenamiento evita tanto la sobreinversión como la escasez de capacidad. Por ejemplo, si la demanda de servidores crece de forma gradual a lo largo del año, los datos indicarán con precisión cuándo deben realizarse actualizaciones y qué tipo de expansión resulta necesaria. De esta forma, las decisiones se basan en hechos concretos y no en suposiciones. Además, asegura que el equipamiento llegue a tiempo, evitando retrasos que podrían afectar el rendimiento del negocio.

La planificación de necesidades futuras de almacenamiento sigue el mismo principio. Si el uso de almacenamiento aumenta de manera constante, el sistema señalará cuándo será preciso ampliar la capacidad. Esto otorga tiempo suficiente para adquirir nuevo equipamiento, realizar instalaciones y evitar improvisaciones de última hora. Esta visibilidad permite a los centros de datos mantenerse un paso por delante de la demanda, garantizando que la infraestructura acompañe el crecimiento del negocio sin incurrir en gastos innecesarios en ampliaciones.

El análisis predictivo hace que el centro de datos sea más inteligente y receptivo. En lugar de esperar a que surjan problemas, los equipos toman decisiones informadas que mantienen todo funcionando sin sobresaltos. Con menos emergencias, una planificación más precisa y una eficiencia mejorada, las operaciones se vuelven más estables, más económicas y mejor preparadas para el futuro.

Otra aplicación clave del análisis predictivo consiste en reducir el consumo energético y potenciar la eficiencia. Los centros de datos consumen cantidades considerables de energía, y encontrar formas más eficientes de gestionarla resulta crucial para bajar costos y minimizar la huella ambiental. Gracias al análisis predictivo, los equipos pueden examinar patrones de uso energético, identificar áreas donde se desperdicia potencia e implementar cambios que conserven energía sin comprometer el rendimiento. Por ejemplo, al estudiar la relación entre el consumo energético y factores como la temperatura y la humedad de la sala, los responsables pueden optimizar los sistemas de refrigeración para consumir menos mientras mantienen condiciones estables. De igual modo, revisar los datos de actividad de los servidores permite aplicar métodos de ahorro más efectivos, como el escalado dinámico de potencia, que reduce el consumo durante periodos de baja actividad.

Para que el análisis predictivo funcione de manera óptima se requieren las herramientas y competencias adecuadas. Todo comienza con sistemas robustos de recopilación de datos y una infraestructura sólida para gestionar la información. También resulta imprescindible contar con software de análisis y visualización clara de los datos. En muchos casos, se

necesita un equipo especializado —como ingenieros de datos o analistas—
para administrar el sistema y garantizar que las predicciones sean precisas
y útiles. Este equipo también se encarga de integrar las herramientas
analíticas con el resto de los sistemas del centro de datos, un aspecto clave
para mantener la operación fluida y asegurar que los datos correctos estén
disponibles para el análisis.

Una implementación exitosa del análisis predictivo va más allá de instalar
software y recopilar datos: exige un cambio en la forma de pensar y trabajar
del equipo. El personal operativo debe pasar de reaccionar ante los
problemas a planificar y resolverlos antes de que ocurran. Este cambio
requiere tiempo, pero también formación continua. El equipo debe
comprender cómo funciona el análisis predictivo y cómo utilizar sus
resultados para guiar decisiones más acertadas en sus tareas diarias. Sin el
compromiso y la participación activa del personal, incluso el mejor sistema
analítico no generará valor real.

Es importante reconocer también los límites del análisis predictivo. La
precisión del sistema depende directamente de la calidad de los datos que
recibe. Si la información es incompleta, desactualizada o errónea, las
predicciones perderán fiabilidad. Por ello resulta esencial revisar y ajustar
periódicamente los modelos. A medida que se incorporan nuevos datos,
los equipos deben utilizarlos para refinar el sistema y mantener las
conclusiones relevantes y útiles. Además, ningún sistema puede preverlo
todo: incidencias inesperadas —como picos de tensión, condiciones
climáticas extremas o fallos súbitos de equipamiento— aún pueden ocurrir.
Por eso, los equipos deben combinar siempre las perspectivas predictivas

con el juicio humano. Los mejores resultados surgen de la integración entre datos y experiencia.

Los beneficios de incorporar el análisis predictivo en un centro de datos resultan evidentes. Reduce costos al identificar problemas tempranamente, optimizar el uso de recursos y prevenir fallos antes de que se produzcan. Mantiene los servicios fiables mediante una planificación de mantenimiento más inteligente y decisiones de escalado mejor fundamentadas. Mejora la eficiencia al minimizar el desperdicio energético y permitir que el equipo trabaje de forma más efectiva. Igualmente importante, proporciona a los responsables los hechos necesarios para tomar decisiones sólidas e informadas. Esto se traduce en una mejor planificación de recursos, menos interrupciones inesperadas y un rendimiento general más robusto.

Al adoptar el análisis predictivo, los centros de datos pasan de reaccionar constantemente ante problemas a gestionarlos de forma proactiva antes de que surjan. Este cambio incrementa la disponibilidad, reduce costos y hace que toda la operación sea más estable y eficiente. En lugar de improvisar, los responsables pueden planificar con confianza, respaldados por datos reales. Con las herramientas adecuadas en su lugar, el análisis predictivo transforma la forma en que operan los centros de datos para mejor.

De cara al futuro, los datos seguirán desempeñando un papel cada vez más central en la toma de decisiones dentro del centro de datos. Los avances continuos en herramientas predictivas abren nuevas oportunidades para potenciar la eficiencia y reforzar la fiabilidad de los sistemas. A medida que estas tecnologías se vuelven más inteligentes y accesibles, se convertirán en un componente estándar de todo centro de datos bien gestionado. Mantenerse al día con estos cambios permitirá a los equipos seguir siendo competitivos y estar plenamente preparados para lo que venga.

Evaluación Posterior a la Transición

La entrega completa de un centro de datos, desde su construcción hasta su plena operación, no constituye únicamente un paso final. Es el resultado de una planificación meticulosa, una comunicación clara y un seguimiento constante. Lo que sucede a continuación resulta igual de importante: una revisión exhaustiva sobre cómo se desarrolló la transición. Esta evaluación post-transición no se reduce a un vistazo superficial. Se trata de un esfuerzo enfocado y estructurado para identificar áreas de mejora, destacar los éxitos y orientar las mejoras futuras. Una estrategia clara que emplee métodos probados y entregue resultados medibles permite al equipo obtener una comprensión integral de sus objetivos. No se trata solo de cumplir con formalidades. Se trata de profundizar en el proceso para comprender qué funcionó, qué no y dónde se pueden realizar mejoras a largo plazo.

La mejor forma de llevar a cabo esta evaluación comienza mucho antes de que se produzca el traslado. Los Indicadores Clave de Rendimiento (KPI) y los Indicadores Críticos de Rendimiento (CPI) deben establecerse ya en la fase de planificación. Estos KPI y CPI deben alinearse con los objetivos del proyecto del centro de datos y reflejar lo que el equipo define como éxito. Al mantenerlos claros y medibles, el equipo puede verificar si los resultados cumplen con las expectativas. Estas métricas ofrecen mucho más que números: ayudan a narrar la historia de cómo se desarrolló la transición y señalan dónde enfocar los esfuerzos posteriores.

La disponibilidad (uptime) constituye uno de los Indicadores Clave de Rendimiento (KPI) y Críticos de Rendimiento (CPI) más importantes. Muestra con qué frecuencia los sistemas críticos permanecen en línea y operan sin incidencias. Si los sistemas mantienen una disponibilidad cercana al 100 %, significa que la transición se ejecutó con éxito. Esto abarca energía eléctrica, refrigeración, red y otros sistemas vitales. Los equipos deben utilizar registros detallados y herramientas automatizadas para rastrear este KPI y CPI. Si la disponibilidad cae por debajo del objetivo, el equipo debe investigar la causa y abordarla de inmediato.

El Tiempo Medio de Reparación (MTTR, por sus siglas en inglés) representa otra métrica fundamental. Mide la rapidez con la que el equipo resuelve las incidencias cuando surgen. Un tiempo de reparación corto indica que el equipo sabe qué hacer, cómo hacerlo y dónde concentrar sus esfuerzos. También demuestra que los sistemas de soporte son robustos y que los métodos de resolución de problemas resultan efectivos. Monitorear el MTTR en todos los sistemas ayuda a detectar áreas que puedan requerir más formación, mejores herramientas o procesos más claros.

La Efectividad en el Uso de Energía (PUE), como se mencionó anteriormente, permite al equipo evaluar la eficiencia energética del centro de datos. Este indicador compara el consumo energético total con la energía utilizada por el equipamiento de TI real. Un PUE más bajo significa menos desperdicio energético y menores costos. Este KPI y CPI debe rastrearse tanto durante la construcción como después del traslado. Si el valor empeora tras la transición, se trata de una señal de alerta. El equipo debe inspeccionar el flujo de aire, los sistemas de refrigeración, la configuración de servidores y otras áreas para determinar la causa de la caída.

La Utilización de Capacidad mide el aprovechamiento efectivo del espacio disponible, la potencia, el ancho de banda y el hardware. Si los indicadores muestran un uso elevado, significa que la planificación reflejó con precisión las necesidades reales. Sin embargo, si la utilización permanece baja, podría indicar que la instalación cuenta con más capacidad de la necesaria, lo que genera desperdicio de espacio y recursos económicos. Esta métrica orienta las futuras ampliaciones y ajustes para evitar tanto la sobreconstrucción como las carencias.

Las métricas ambientales también revisten importancia. Incluyen niveles de temperatura, flujo de aire y humedad. Ayudan a garantizar que el entorno resulte adecuado para el correcto funcionamiento del equipamiento. El seguimiento de estos valores proporciona alertas tempranas ante cualquier anomalía. Si la temperatura o la humedad se desvían del rango seguro, podría indicar problemas en el sistema de refrigeración o en la circulación de aire. Los equipos deben investigar estos cambios de inmediato para prevenir complicaciones mayores.

El tiempo de resolución de tickets desempeña un papel clave en la gestión de soporte y incidencias técnicas por parte del equipo operativo. Esta métrica mide la velocidad con la que el personal cierra los tickets presentados por usuarios o clientes. Un tiempo de resolución breve suele indicar que el proceso de soporte resulta efectivo, que el personal cuenta con las competencias necesarias y que los pasos de resolución son claros y concisos. Al examinar esta métrica según los diferentes tipos de tickets, los equipos pueden identificar qué problemas consumen más tiempo y dónde se obtendrían mayores beneficios con mejoras. También ayuda a determinar si el helpdesk o el equipo técnico requieren apoyo adicional, herramientas mejoradas o formación actualizada. Si los tiempos de respuesta comienzan a aumentar, suele ser una señal de que algo necesita ajustarse en el flujo de trabajo diario o en la estructura del equipo.

Los Acuerdos de Nivel de Servicio (SLA) constituyen compromisos asumidos con clientes o usuarios internos. Estos acuerdos establecen los plazos para responder, resolver o mantener servicios específicos. Monitorear el cumplimiento de los SLA confirma que se respetan esas promesas. Si se incumplen, resulta esencial investigar la razón y actuar con prontitud. Fallar repetidamente en los objetivos de SLA genera insatisfacción en los clientes y puede dañar la confianza. Los equipos no deben limitarse a verificar si se cumplen los SLA: también deben analizar las tendencias y las causas detrás de cualquier incumplimiento. Esto ofrece una imagen justa y útil de lo que funciona y de lo que requiere atención.

Para ir más allá de los números, los equipos necesitan recopilar retroalimentación de quienes vivieron la transición en primera persona. Esto puede incluir operadores del centro de datos, personal de TI y, en algunos casos, inquilinos o clientes. Sus aportes ayudan a completar el panorama de la entrega. Recoger opiniones mediante entrevistas, encuestas o sesiones de revisión con el equipo añade un contexto que los datos puros no siempre revelan. Alguien podría señalar una incidencia que no apareció en los registros pero que sí afectó al rendimiento o a los flujos de trabajo.

Estas percepciones suelen ayudar a detectar puntos ciegos o discrepancias entre los planes escritos y la experiencia real.

Resulta esencial establecer un plan claro para la recopilación de datos. Esto implica saber cuándo y cómo recolectarlos, quién se responsabiliza de cada parte y qué sistemas intervendrán. Las herramientas de monitoreo efectivas y los registros automatizados facilitan este proceso. Los equipos deben obtener información de múltiples fuentes —sistemas de tickets, registros de energía, monitores ambientales y herramientas de red— para lograr una visión integral. La verificación cruzada de la información evita puntos ciegos y proporciona conclusiones más sólidas. Cuanto más precisos y completos sean los datos, más valioso será el análisis final.

Una vez recopilados todos los datos, el equipo debe analizarlos con detenimiento. Esto significa compararlos con lo que se esperaba originalmente. Si algo no alcanza el objetivo, hay que indagar por qué. El análisis de causa raíz identifica la razón subyacente de los problemas, en lugar de limitarse a tratar los síntomas superficiales. El análisis debe examinar tanto lo que salió mal como lo que podría generar dificultades en el futuro. Algunas incidencias no se manifiestan de inmediato, pero pequeñas señales de alerta en los datos permiten detectarlas con antelación si se sabe dónde buscar.

Todo lo aprendido en la evaluación debe plasmarse en un informe claro, directo y fácil de utilizar. El informe debe incluir los datos recopilados, su interpretación, los aspectos que funcionaron bien y las áreas que requieren mejora. También debe proponer pasos de acción y planes de mejora basados en los hallazgos. Todos los interesados —ya sean de operaciones,

TI, seguridad o equipos de proveedores— deben recibir el informe. De esta forma, todos comparten la misma comprensión y pueden ejecutar las acciones conjuntamente. Un informe sólido aporta dirección, fomenta la rendición de cuentas y mantiene a los equipos enfocados en objetivos comunes.

La revisión de la transición no es algo que se haga una sola vez; constituye un proceso continuo. Debe integrarse en la rutina operativa. Los equipos necesitan monitorear de forma permanente las métricas clave, verificar los sistemas e implementar mejoras graduales. Este seguimiento constante asegura que el centro de datos funcione sin sobresaltos y ayuda a identificar incidencias antes de que escalen. Además, cultiva una cultura en la que el equipo permanece alerta y actúa con rapidez. En lugar de reaccionar ante los problemas, el equipo se vuelve experto en prevenirlos. Esta mentalidad protege toda la instalación y la información que alberga. Cuando se ejecuta correctamente, este ciclo de revisión y ajuste construye un centro de datos que permanece fuerte, eficiente y fiable durante mucho tiempo. También garantiza que la inversión en tiempo, dinero y esfuerzo continúe generando valor a largo plazo.

Identificación de Áreas de Mejora y Optimización

La evaluación posterior a la transición descrita anteriormente ofrece mucho más que una mera recopilación de cifras u observaciones. Proporciona una visión integral del rendimiento del centro de datos una vez completada la transición de la construcción a las operaciones diarias. Sin embargo, el verdadero valor de esta revisión no reside solo en detectar problemas, sino en aprovechar las conclusiones obtenidas para elevar el funcionamiento de la instalación y mejorar su desempeño continuo. Para lograrlo, el equipo debe seguir un proceso claro y enfocado: uno que trascienda las soluciones rápidas y apunte a mejoras sostenibles y a una mayor fiabilidad a largo plazo.

El proceso comienza con un examen minucioso de los datos recopilados. Esto incluye analizar los Indicadores Clave de Rendimiento (KPI) y los Indicadores Críticos de Rendimiento (CPI), tales como disponibilidad (uptime), Tiempo Medio de Reparación (MTTR), Efectividad en el Uso de Energía (PUE), utilización de capacidad, condiciones ambientales, tiempos de resolución de tickets y cumplimiento de los Acuerdos de Nivel de Servicio (SLA). Comparar el rendimiento real con los referentes esperados facilita identificar las brechas. Cuando alguna métrica muestra desviaciones significativas respecto a su objetivo, el equipo debe profundizar. Por ejemplo, si el MTTR de un equipo determinado supera lo previsto, podría indicar problemas como falta de repuestos disponibles, instrucciones poco claras o carencias en la formación. De igual modo, si los valores de PUE se mantienen consistentemente por encima de lo planificado, el sistema de refrigeración podría ser el punto débil, requiriendo limpieza, recalibración o incluso una actualización hacia soluciones más eficientes.

Los números por sí solos no siempre cuentan toda la historia. La retroalimentación directa de quienes trabajan en o con el centro de datos aporta un contexto valioso. Las opiniones del personal operativo, los inquilinos y los equipos de TI ayudan a explicar por qué aparecen determinados valores. Por ejemplo, los datos podrían indicar que la resolución de tickets es lenta, pero el equipo de soporte podría revelar que el sistema de tickets resulta obsoleto, complicado o poco intuitivo. Esta experiencia de primera mano permite comprender los problemas reales y facilita la formulación de soluciones prácticas y efectivas en el terreno.

Tras revisar los datos y escuchar a los involucrados, el siguiente paso consiste en identificar las causas raíz de las incidencias. Esto implica ir más allá de tratar síntomas y profundizar mediante herramientas sencillas y efectivas de Análisis de Causa Raíz (RCA), como los «5 Porqués» o diagramas de causa-efecto (Ishikawa). Si determinados racks de servidores registran niveles de calor persistentemente altos, por ejemplo, el equipo puede preguntar «por qué» de forma sucesiva hasta llegar al origen. Podría descubrirse un diseño deficiente del flujo de aire o baldosas ausentes bajo el suelo que interrumpen la refrigeración. La solución pasaría por reajustar la distribución o incorporar soportes adicionales de flujo de aire.

Una vez comprendidos los problemas en profundidad, llega el momento de elaborar planes de acción concretos y enfocados. Estos planes deben ser claros y realistas, no meras ideas generales. Emplear objetivos SMART facilita esta tarea. Un ejemplo podría ser: «Reducir el MTTR del equipo X en un 20 % durante los próximos tres meses mediante formación específica y preparación de repuestos». El plan debe detallar quién es responsable de cada acción, los plazos y la forma en que se monitoreará y evaluará el avance. Puede incluir actualización de procedimientos, talleres de capacitación o mejoras en el software. Asignar responsables claros a cada paso asegura que nada quede en el olvido. Asimismo, deben establecerse revisiones periódicas para seguir el progreso y realizar ajustes según sea necesario.

La implementación de estas estrategias requiere una coordinación cuidadosa y efectiva. Los equipos deben asignar los recursos adecuados, colaborar estrechamente con todos los departamentos involucrados y establecer un sistema claro para rastrear cada avance. Para mantener el rumbo, deben realizar revisiones regulares que evalúen si las medidas funcionan, detecten cualquier obstáculo con antelación y ajusten los planes cuando sea preciso. La comunicación abierta y las actualizaciones honestas mantienen a todos informados, fomentan la confianza y fortalecen el trabajo en equipo. Las reuniones semanales de proyecto permiten discutir avances, aclarar dudas y resolver dificultades de forma conjunta. El uso de herramientas visuales como paneles de control ofrece una visión clara del grado de cumplimiento de cada objetivo y de dónde se necesita apoyo adicional.

Más allá de la primera ronda de mejoras, construir un sistema sólido que impulse el progreso continuo desempeña un papel central para mantener el centro de datos en su mejor nivel.

Esto implica integrar el monitoreo continuo y la retroalimentación regular en las tareas cotidianas. La instalación de sistemas automatizados que rastrean KPI y CPI en tiempo real ayuda a detectar tendencias y actuar con prontitud. Recopilar opiniones mediante reuniones breves con el personal o encuestas cortas a los inquilinos facilita escuchar directamente a quienes operan o utilizan el espacio. Estos aportes permiten refinar procedimientos y prevenir que las incidencias escalen a problemas graves.

El personal juega un rol decisivo en la mejora sostenida del centro de datos. Los responsables deben crear un entorno donde las personas se sientan seguras para señalar problemas, proponer ideas y participar en su resolución. Fomentar que todos contribuyan a identificar causas y diseñar formas más inteligentes de trabajar genera operaciones más eficaces y fluidas. La formación continua beneficia no solo los aspectos técnicos, sino también la comunicación, la resolución de problemas y el trabajo en equipo. Sesiones regulares de capacitación proporcionan las herramientas necesarias para desempeñar las funciones con eficacia y preparan al equipo para desafíos futuros. Cuando surgen incidencias importantes, el equipo debe reunirse para revisar qué falló, qué impacto tuvo, qué se aprendió y cómo evitar que se repita. Estas revisiones post-incidente permiten aprender colectivamente y elevar continuamente el estándar. El impulso por mejorar no puede quedar en segundo plano: debe formar parte del núcleo de las operaciones diarias.

Mantener una vigilancia estrecha sobre KPI y CPI, escuchar al personal y recoger opiniones de los inquilinos contribuyen conjuntamente a moldear los cambios futuros. Cuando los equipos siguen este ciclo —observar, analizar, mejorar, aplicar— construyen un sistema que progresa de forma constante. Este enfoque permite que el centro de datos permanezca eficiente y preparado para afrontar cualquier reto que surja. Cuando los gerentes de instalaciones integran la mejora continua como parte esencial de su forma de pensar, y no como una tarea adicional, protegen la fortaleza, la seguridad y el valor a largo plazo de la instalación.

Medir si este enfoque funciona resulta tan importante como implementarlo. Objetivos claros y medibles —como reducir el desperdicio energético, aumentar la disponibilidad de los sistemas o disminuir los tiempos de reparación— permiten al equipo visualizar el progreso y mantener los esfuerzos enfocados. Compartir actualizaciones periódicas sobre estos resultados demuestra avances reales, explica su relevancia y justifica el apoyo y la financiación continuos. Este seguimiento constante asegura que las iniciativas permanezcan precisas, oportunas y efectivas. El objetivo no se limita a corregir lo que está roto: se trata de buscar siempre formas de hacer las cosas mejor. Cuando los equipos adoptan esta mentalidad, contribuyen a que el centro de datos se vuelva más fuerte, más seguro y una inversión más sólida a largo plazo.

Desarrollo de un Plan de Mejora Continua

El desarrollo de un plan integral de mejora continua exige un enfoque estructurado que trascienda la mera enumeración de tareas para convertirse en una hoja de ruta estratégica orientada a la optimización sostenida. Este plan debe ser un documento vivo, revisado y actualizado periódicamente en función de los datos de rendimiento continuos y de la retroalimentación recibida. El primer paso consiste en priorizar las áreas de mejora identificadas durante la evaluación posterior a la transición.

Esta priorización debe basarse en una combinación de factores: la gravedad del impacto en las operaciones, la viabilidad de implementación y el retorno potencial de la inversión. Una matriz sencilla que clasifique las incidencias según su impacto y factibilidad resulta una herramienta valiosa en este proceso. Las cuestiones de alto impacto y alta viabilidad deben abordarse en primer lugar, mientras que las de bajo impacto y baja viabilidad pueden diferirse o reevaluarse más adelante. Una vez priorizadas, cada área de mejora debe contar con un plan de acción específico. Este plan debe detallar las acciones concretas a emprender, identificar a los responsables, especificar los recursos necesarios y establecer un cronograma realista de ejecución. Por ejemplo, si la evaluación posterior a la transición reveló ineficiencias en el sistema de refrigeración, el plan de acción podría incluir:

- Acción: Realizar una auditoría exhaustiva del sistema de refrigeración para identificar cuellos de botella y oportunidades de mejora. • Responsable: Equipo de Ingeniería de Instalaciones, en colaboración con el proveedor. • Recursos: Equipos especializados de medición, pericia ingenieril y posible apoyo de contratistas externos. • Cronograma: Completar la auditoría en un mes; implementar los cambios recomendados en un plazo de tres meses.

De igual modo, si se detectó una deficiencia en la formación del personal, el plan de acción podría contemplar:

- Acción: Diseñar y ejecutar un programa integral de capacitación sobre sistemas críticos y procedimientos operativos. • Responsable: Departamento de Formación, en colaboración con expertos en la materia de operaciones y TI. • Recursos: Materiales didácticos, instalaciones dedicadas para la formación y tiempo de instructores. • Cronograma: Desarrollar el programa en dos a cuatro semanas; impartir la capacitación a todo el personal relevante en uno a tres meses.

Para cada plan de acción deben definirse Indicadores Clave de Rendimiento (KPI) y Críticos de Rendimiento (CPI) medibles que permitan rastrear el progreso y evaluar el éxito. Estos indicadores deben ser específicos, medibles, alcanzables, relevantes y limitados en el tiempo (SMART). Por ejemplo, en el caso de la auditoría del sistema de refrigeración, el KPI y CPI podría traducirse en una reducción del 5 % en el PUE dentro de los seis meses siguientes a la implementación de los cambios recomendados. Para el programa de formación del personal, el

KPI y CPI podría consistir en una disminución del 15 % en el MTTR asociado a fallos específicos de sistemas dentro de los tres meses posteriores a la finalización de la capacitación.

El plan de mejora continua debe incluir también un sistema para monitorear el progreso y proporcionar actualizaciones regulares. Esto puede implicar la presentación de informes semanales o mensuales, el uso de paneles de control que visualicen los KPI y CPI clave, y la celebración de reuniones periódicas para revisar avances y abordar cualquier obstáculo que surja. La transparencia resulta fundamental: todos los interesados deben tener acceso al plan y a los informes de progreso, garantizando su compromiso y favoreciendo la resolución colaborativa de problemas. El empleo de software de gestión de proyectos puede facilitar significativamente el seguimiento de avances, la administración de tareas y la comunicación efectiva entre equipos. Plataformas como SharePoint o equivalentes pueden servir como repositorios centrales para el plan, los informes de progreso y la documentación relacionada.

El plan debe incorporar además mecanismos para la retroalimentación y evaluación continuas. Encuestas periódicas dirigidas al personal y a los inquilinos pueden aportar perspectivas valiosas sobre áreas de mejora que no siempre resultan evidentes a través del análisis cuantitativo. Estas encuestas deben diseñarse para obtener retroalimentación específica sobre procesos operativos, rendimiento de sistemas y satisfacción general. Asimismo, debe existir un sistema para reportar y abordar incidencias que garantice que todos los problemas queden documentados, analizados mediante metodologías de análisis de causa raíz y resueltos con prontitud. Esto evita que incidencias menores escalen a problemas mayores.

Un componente crítico del plan de mejora continua consiste en fomentar una cultura de aprendizaje permanente. Esto implica empoderar al personal para identificar y reportar problemas, participar en el análisis de causas raíz y contribuir al diseño de procedimientos y procesos mejorados. Los programas regulares de formación —tanto técnica como en habilidades blandas— resultan esenciales. Las revisiones post-incidente periódicas, en las que el equipo analiza la causa y el impacto de incidencias significativas, identifica lecciones aprendidas y desarrolla medidas preventivas, también resultan vitales para el aprendizaje continuo. Promover una cultura de comunicación abierta y retroalimentación honesta constituye la base del éxito.

El plan de mejora continua debe integrarse en el manual general de operaciones del centro de datos, convirtiéndose en un elemento central de la filosofía operativa de la instalación. Esto asegura que la mejora continua no se perciba como un proyecto aislado, sino como un proceso permanente incrustado en las actividades diarias. Las revisiones regulares de KPI y CPI, combinadas con la retroalimentación continua, proporcionan las perspectivas necesarias para guiar los esfuerzos de optimización permanentes. De esta forma se genera un ciclo iterativo de monitoreo, análisis, mejora e implementación.

El plan debe incluir asimismo planes de contingencia para afrontar desafíos o retrocesos imprevistos. Eventos inesperados —como fallos de equipamiento o disrupciones externas— pueden requerir ajustes en el plan.

Contar con procedimientos de escalamiento predefinidos y soluciones alternativas ayuda a mitigar el impacto de tales eventos. Las revisiones y actualizaciones periódicas del plan garantizan que permanezca relevante y adaptable a las circunstancias cambiantes.

Finalmente, el éxito del plan de mejora continua debe medirse. Esto implica establecer metas cuantificables de mejora en áreas específicas y rastrear el progreso frente a ellas. La presentación periódica de informes sobre las mejoras logradas demuestra el valor tangible del programa, justifica la inversión y subraya la relevancia de este esfuerzo sostenido.

Esta evaluación constante asegura que el proceso de mejora continua permanezca enfocado, pertinente e impactante, contribuyendo en última instancia al éxito, la fiabilidad y la rentabilidad a largo plazo del centro de datos. Se trata de crear un sistema autosuperador, que aspire constantemente a la optimización y la resiliencia, garantizando que el centro de datos siga siendo un activo de alto rendimiento durante años. El plan de mejora continua no es solo un documento: representa un compromiso con la excelencia operativa.

Monitoreo del Rendimiento y Seguimiento de KPI y CPI

Mantener una vigilancia estrecha sobre el rendimiento del centro de datos una vez completada la transición no es una tarea puntual: constituye una responsabilidad permanente. El verdadero éxito de la entrega no se agota en el momento del cambio de la construcción a las operaciones en vivo. Depende de cómo funcione la instalación día tras día. Este éxito sostenido requiere la construcción de un sistema sólido para monitorear el rendimiento y seguir de cerca los Indicadores Clave de Rendimiento (KPI) y los Indicadores Críticos de Rendimiento (CPI). Estos indicadores actúan como puntos de referencia claros. Ofrecen una visión precisa de la salud de los sistemas y de la efectividad global del conjunto. Además, permiten detectar señales de alerta tempranas, lo que posibilita intervenir antes de que problemas menores se conviertan en interrupciones graves. A largo plazo, esto reduce los tiempos de inactividad y contribuye a mantener un funcionamiento fluido y estable.

La elección adecuada de KPI y CPI marca una diferencia decisiva. Un conjunto bien equilibrado proporciona una perspectiva integral del rendimiento del centro de datos, abarcando áreas clave como el consumo energético, la disponibilidad de los sistemas, el mantenimiento, las tasas de fallos, la temperatura, la humedad, la utilización del espacio y los costos operativos. Cada indicador debe alinearse con un objetivo concreto y resultar fácil de rastrear y comprender. Si una métrica no contribuye directamente a mejorar el rendimiento o a identificar incidencias con antelación, no debería incluirse. Unos KPI y CPI bien definidos ahorran tiempo, concentran la atención y permiten al equipo tomar decisiones acertadas con mayor rapidez.

La Efectividad en el Uso de Energía (PUE) constituye uno de los indicadores más relevantes. Muestra qué proporción del consumo energético total del centro de datos se destina realmente a alimentar el equipamiento de TI. Un valor más bajo implica menos desperdicio y mayor eficiencia. El seguimiento de esta métrica a lo largo del tiempo permite detectar problemas tempranamente. Si el consumo comienza a incrementarse de forma gradual, el equipo puede examinar el sistema de refrigeración, revisar las configuraciones del equipamiento de TI o evaluar si ha llegado el momento de incorporar soluciones más eficientes. Identificar estas tendencias posibilita realizar ajustes antes de que aumenten las facturas energéticas o se degrade el rendimiento. Incluso una mejora leve en el PUE puede traducirse en ahorros considerables y en un desempeño general más sólido.

El Tiempo Medio de Reparación (MTTR) mide el tiempo promedio necesario para resolver una incidencia una vez que se ha producido. Un MTTR bajo indica que el equipo identifica el problema con rapidez y restablece el servicio sin demoras innecesarias. Monitorear este valor ayuda a detectar cuellos de botella en el proceso: tal vez falten repuestos disponibles, el personal requiera formación adicional o los pasos de reparación resulten demasiado complejos. Al identificar y corregir estos puntos débiles, el equipo reduce los tiempos de reparación y mantiene los sistemas en línea con mayor frecuencia. Por ejemplo, si la reparación de un tipo concreto de servidor siempre demora demasiado, podría ser momento de replantear el procedimiento, proporcionar más apoyo o dotar al equipo de herramientas que le permitan trabajar con mayor eficiencia.

El Tiempo Medio Entre Fallos (MTBF) evalúa con qué frecuencia se producen averías. Un MTBF elevado significa que los sistemas operan de manera fiable durante periodos prolongados sin incidencias. Esto refleja un mantenimiento adecuado y un trabajo bien realizado por el equipo. Si este valor comienza a descender, puede indicar desgaste en algún componente o la necesidad de revisar algún aspecto del proceso. Los equipos pueden interpretar esta señal como una invitación a incrementar la frecuencia de inspecciones, reemplazar hardware envejecido o ajustar la gestión de esos sistemas. Comparar los datos de MTBF con otras variables —como niveles de temperatura o humedad— también puede revelar problemas ocultos. Por ejemplo, si una sala registra más fallos y además presenta temperaturas más elevadas que las demás, resulta una indicación clara de que el entorno requiere ajustes.

El monitoreo ambiental desempeña un papel crucial para preservar las condiciones óptimas de operación del centro de datos. El equipo debe mantener una vigilancia constante sobre temperatura y humedad para prevenir daños al hardware, degradación del rendimiento o fallos totales del sistema. Cuando estas variables salen del rango seguro, el riesgo de interrupción aumenta. Herramientas de monitoreo fiables que entregan actualizaciones en tiempo real permiten al personal detectar incidencias con prontitud y abordarlas antes de que causen daños significativos.

Cuanto más rápida sea la respuesta, mejor podrán proteger el equipamiento y mantener la estabilidad operativa. Estas alertas ahorran tiempo y recursos al prevenir problemas mayores a futuro.

Revisar retrospectivamente los datos ambientales históricos también ayuda al equipo a comprender cómo influyen las estaciones o patrones específicos en la instalación. Por ejemplo, si un periodo del año trae consigo temperaturas más altas de forma recurrente, pueden anticiparse ajustando los sistemas de refrigeración con antelación. Esta mentalidad proactiva fortalece la instalación y reduce la cantidad de imprevistos. Comprender estos patrones contribuye asimismo a planificar ampliaciones a largo plazo y a evitar costos inesperados de reparación.

La utilización de capacidad ofrece una perspectiva valiosa sobre el aprovechamiento efectivo del espacio y el equipamiento. Rastrear el nivel de uso de servidores, almacenamiento y ancho de banda de red orienta una planificación más inteligente. Si la utilización resulta excesivamente alta, podría ser necesario ampliar. Si permanece baja, tal vez convenga consolidar recursos o reajustar la asignación. El monitoreo regular de la capacidad garantiza que el centro pueda absorber el crecimiento sin sufrir ralentizaciones. Esta visibilidad ayuda a prevenir problemas de rendimiento y respalda decisiones más acertadas sobre necesidades futuras. Resulta igualmente importante correlacionar estos datos con los objetivos empresariales, de modo que las ampliaciones se alineen con la demanda esperada.

Los costos operativos revelan el verdadero gasto de mantener el centro de datos en funcionamiento. Esto abarca desde energía y refrigeración hasta personal y mantenimiento rutinario. Seguir de cerca estos costos permite mantener el gasto bajo control sin sacrificar el rendimiento. Al analizar los datos, el equipo puede identificar oportunidades de ahorro: reducir el consumo energético, optimizar flujos de trabajo o simplificar tareas específicas. Si algún rubro comienza a superar lo presupuestado, los datos facilitan detectarlo y corregirlo con rapidez. Comparar los gastos reales con el presupuesto mantiene las finanzas en orden y favorece decisiones más sólidas a largo plazo.

Un sistema de monitoreo eficaz constituye la clave para que todo esto funcione. Debe integrar datos procedentes de diversas fuentes del centro de datos —consumo energético, sensores de temperatura y humedad, registros de sistemas de TI— y presentarlos en una única plataforma. El personal debe poder visualizar la información en tiempo real mediante paneles sencillos y recibir alertas cuando surja una incidencia. Estas alertas deben ser concisas y claras para permitir respuestas rápidas y efectivas. Herramientas como gráficos y diagramas transforman los datos en conclusiones útiles, facilitando la detección de tendencias y la toma de decisiones inteligentes basadas en lo que indican los números.

El sistema debe integrarse sin fricciones con las herramientas e infraestructura existentes para ofrecer una imagen completa. Debe almacenar los datos de forma segura y conservar los registros históricos disponibles para revisiones posteriores. Analizar esta historia permite identificar tendencias a largo plazo y comparar el rendimiento actual con resultados previos. El sistema requiere revisiones periódicas para garantizar su correcto funcionamiento. Estas verificaciones ayudan a detectar y corregir cualquier problema, y señalan oportunidades de mejora que podrían potenciarlo aún más.

Ningún plan de monitoreo funciona sin las personas adecuadas. El personal necesita comprender qué significan los datos y qué hacer cuando se desvían de lo esperado. La formación regular los mantiene alerta y preparados para actuar con rapidez ante incidencias. Todos deben conocer su rol en una crisis y los procedimientos para reportar o escalar un problema. Una comunicación fluida mantiene al equipo cohesionado, lo que hace que el centro de datos sea más seguro y fiable en su conjunto.

Todos los datos recopilados mediante este seguimiento deben vincularse a los planes de mejora existentes. Los equipos deben discutir estas cifras en sus reuniones habituales y utilizarlas para identificar áreas que requieran mayor atención.

Los Indicadores Clave de Rendimiento (KPI) y Críticos de Rendimiento (CPI) deben revisarse periódicamente para asegurar que sigan alineados con los objetivos operativos. Cuando el negocio evoluciona, las métricas podrían necesitar ajustes. Mantener este proceso activo garantiza que el centro continúe mejorando y opere en su máximo nivel.

Evaluar el éxito del plan de monitoreo resulta tan importante como implementarlo. El equipo debe comparar las cifras de rendimiento con los objetivos establecidos, y estas comparaciones deben formar parte de los informes regulares.

Estas actualizaciones demuestran si el tiempo y los recursos invertidos en el monitoreo generan resultados concretos. Cuando los resultados son positivos, confirman el valor de un seguimiento cuidadoso y de respuestas rápidas. El esfuerzo por monitorear e impulsar la mejora continua no representa una tarea más: constituye una forma inteligente de proteger el centro de datos y asegurar su fortaleza a largo plazo.

Adaptación a los Desafíos y Tendencias Futuras

La transición exitosa de un centro de datos desde su construcción hasta su plena operación marca apenas el comienzo de un recorrido mucho más largo. La industria de los centros de datos es dinámica por naturaleza: se caracteriza por una evolución constante de la tecnología, normativas cada vez más exigentes y demandas cambiantes del negocio. Para mantener la instalación en óptimas condiciones, los responsables de las instalaciones críticas deben adoptar una perspectiva prospectiva y anticipatoria. Esto implica mantenerse alerta, aprender de forma continua, planificar con intención y permanecer abiertos al cambio cuando surja la necesidad. La rigidez conduce al estancamiento; la adaptabilidad, en cambio, asegura la supervivencia y el liderazgo.

La tecnología sigue moldeando el futuro de los centros de datos más que cualquier otro factor. A medida que la potencia de cómputo, las redes y los sistemas de almacenamiento evolucionan con rapidez, los diseños rígidos concebidos para hardware específico dejan de ser viables a mediano plazo. Las instalaciones inteligentes incorporan flexibilidad desde el inicio: distribuciones modulares que permiten incorporar nuevo equipamiento o escalar capacidad sin necesidad de rediseños completos ni interrupciones prolongadas.

A medida que los nuevos sistemas demandan mayor potencia y generan más calor, ya no basta con añadir racks adicionales. La planificación debe prever una refrigeración mejorada, cableado optimizado y rutas de red mejoradas para garantizar un rendimiento óptimo. Si el equipo no anticipa estas necesidades con tiempo, puede enfrentarse a retrasos importantes, costos elevados y desperdicio de recursos.

El avance hacia la virtualización y los servicios en la nube introduce una complejidad aún mayor en la gestión. Los entornos virtuales permiten extraer más rendimiento del mismo hardware, pero también dificultan el seguimiento y la administración de los recursos. Los responsables deben comprender a fondo cómo impactan estos sistemas en factores clave como el consumo energético y el flujo de aire, y ajustar los controles para optimizar su desempeño. Mantenerse al día con esta transición exige que el personal reciba formación continua en gestión de servidores y redes. Además, resulta imprescindible revisar con detenimiento los planes de seguridad: las máquinas virtuales abren la puerta a nuevas formas de amenazas, y el centro necesita sistemas robustos para mantenerse protegido. Cortafuegos, herramientas de detección y planes de respuesta rápida ya no son opcionales: forman parte esencial de la responsabilidad de mantener los datos y los clientes a salvo.

Adoptar una mentalidad de mejora continua y adaptabilidad no es un lujo, sino una necesidad imperiosa. Los centros de datos que se anticipan a las tendencias —ya sea mediante diseños modulares, capacitación permanente o una gestión energética inteligente— no solo sobreviven a los cambios: prosperan en ellos. Aquellos que se resisten o reaccionan tarde pagan un precio elevado en interrupciones, costos y pérdida de confianza.

El camino hacia el futuro exige visión, flexibilidad y compromiso constante con la excelencia operativa. Solo así el centro de datos puede seguir siendo un activo estratégico fiable, capaz de responder a las demandas de mañana sin sacrificar la estabilidad de hoy.

Las normativas gubernamentales sobre consumo energético, uso de datos y privacidad evolucionan de forma constante, y no se espera que esta tendencia se desacelere. Las instalaciones que no logran mantenerse al día corren el riesgo de incumplir la ley y enfrentar multas considerables. Adaptarse a estas regulaciones exige tiempo y esfuerzo, pero el beneficio vale la pena. El personal debe conocer las nuevas disposiciones y comprender cómo cumplir con ellas. Las actualizaciones legislativas pueden requerir modificaciones en los sistemas de refrigeración o la implementación de mejoras para lograr mayor eficiencia energética. Asimismo, las normativas de privacidad —como el RGPD o la CCPA— imponen políticas robustas sobre quién puede acceder a los datos almacenados y cómo se gestionan.

No abordar estos riesgos puede derivar en problemas legales, sanciones económicas y daños reputacionales graves para la empresa. Cumplir de manera proactiva no solo protege el negocio, sino que fortalece la confianza de clientes y socios. La forma en que crece una empresa —ya sea mediante una expansión acelerada, una fusión, una adquisición o un cambio en el modelo de prestación de servicios— también influye en los sistemas y la distribución del centro de datos. Cada uno de estos escenarios genera nuevas exigencias que el equipo debe atender con rapidez. Una infraestructura flexible permite realizar ajustes sin desperdiciar tiempo ni recursos. Las herramientas de previsión, al analizar patrones de uso de datos y almacenamiento, ayudan a los responsables a planificar con antelación las necesidades de servidores, ancho de banda o capacidad adicional. Esta planificación anticipada evita retrasos, reduce costos inesperados y mejora la calidad del servicio al usuario al minimizar sorpresas.

El aprendizaje continuo y el desarrollo profesional del equipo del centro de datos desempeñan un papel decisivo para mantenerse por delante de los cambios constantes. Los gerentes de instalaciones críticas deben situar la capacitación del personal en la cima de sus prioridades. Los programas de formación deben centrarse en habilidades prácticas, conocimiento aplicado al mundo real y experiencia directa que permitan al equipo manejar nuevas tecnologías y desafíos con seguridad y eficacia. Esto incluye instrucción sobre herramientas actuales, procedimientos de seguridad actualizados y formas inteligentes de gestionar sistemas complejos. Las certificaciones, junto con un desarrollo profesional estructurado, fortalecen al equipo y lo preparan para respaldar el crecimiento y la evolución del centro.

Un equipo bien formado constituye la base de una operación fiable. Los responsables también deben fomentar una cultura de investigación y desarrollo como parte integral de las actividades cotidianas. Mantenerse al corriente de las nuevas ideas requiere curiosidad, pruebas y disposición a experimentar. La investigación puede implicar evaluar tecnologías emergentes de refrigeración, explorar equipos de ahorro energético o estudiar cómo la inteligencia artificial puede potenciar las operaciones del centro. Aunque estas iniciativas no siempre producen resultados inmediatos, pueden otorgar una ventaja competitiva decisiva. Asistir a ferias comerciales, mantener contacto con colegas del sector y suscribirse a publicaciones especializadas de prestigio también mantienen al equipo actualizado y enriquecen su perspectiva con ideas que vale la pena probar.

En un entorno donde el cambio es la única constante, la capacidad de adaptación no es un complemento opcional: es la esencia misma de la sostenibilidad y el éxito a largo plazo. Los centros de datos que cultivan flexibilidad estructural, cumplimiento normativo proactivo, planificación estratégica y un equipo en permanente desarrollo no solo sobreviven a las transformaciones del sector: se convierten en referentes capaces de liderar el camino hacia el futuro.

Los equipos fuertes prosperan en una cultura donde las personas se sienten libres de proponer ideas y hablar con honestidad, sin temor a represalias. Los líderes cultivan este ambiente al solicitar retroalimentación de forma activa, escucharla con atención y demostrar —con hechos— que esa retroalimentación genera mejoras reales. Deben revisar periódicamente indicadores de rendimiento clave como el PUE, el MTTR y la utilización de capacidad, no como meros reportes, sino como herramientas prácticas para resolver problemas y eliminar desperdicios. Las métricas van más allá de las estadísticas: orientan decisiones más inteligentes, mejoran los resultados y permiten detectar fallos incipientes antes de que se conviertan en crisis.

Un plan sólido de gestión de riesgos debe estar firmemente establecido para proteger tanto el equipamiento del centro de datos como sus operaciones cotidianas. Los responsables necesitan evaluar el panorama completo: identificar puntos débiles, estimar la probabilidad de que generen problemas y valorar el daño potencial que podrían causar en el funcionamiento. Una vez claros los riesgos, los equipos pueden elaborar planes robustos de mitigación que reduzcan su impacto. Esto incluye estrategias de continuidad del negocio y recuperación ante interrupciones graves —apagones eléctricos, incendios, ciberataques o fallos masivos de hardware—. Se trata de prepararse para lo peor, de modo que el equipo pueda mantener la calma y responder con rapidez y eficacia cuando la situación lo exija.

La comunicación efectiva constituye el hilo que une todo. Una comunicación clara y abierta —entre miembros del equipo, departamentos, proveedores externos e inquilinos— evita confusiones y permite resolver incidencias con prontitud en cuanto surgen. Los canales y reglas de comunicación nunca deben dejarse al azar. Los responsables deben establecer sistemas definidos para compartir actualizaciones, garantizar transparencia y fomentar la confianza. Cuando las personas sienten que pueden reportar avances, dificultades y planes futuros a la dirección sin reservas, todos permanecen alineados y los líderes cuentan con la información precisa que necesitan para tomar decisiones acertadas.

No basta con disponer de equipamiento sólido para lograr un centro de datos exitoso: se requiere también un hábito arraigado de aprendizaje, prueba, mejora y comunicación constante. El equipo debe comprender a fondo la tecnología, cumplir las normativas, adaptarse a las necesidades cambiantes del negocio y prepararse para lo imprevisto. Cuando la operación incorpora buenos hábitos en la rutina diaria y conserva flexibilidad, permanece fuerte frente a cualquier giro. Los gerentes de instalaciones críticas que viven estos principios día a día guían a equipos que no solo sobreviven, sino que prosperan, incluso cuando las demandas se transforman y la industria evoluciona.

El trabajo nunca termina —y precisamente eso es lo que forja el éxito verdadero.

Agradecimientos

Este libro no habría sido posible sin las contribuciones de numerosas personas. En primer lugar y ante todo, deseo expresar mi más profundo agradecimiento a Mohammed Talha, ingeniero de puesta en marcha en JLL, con un título de Ingeniería (BEng) y una maestría (MSc) en Tecnología de Información, cuya pericia aportó perspectivas invaluables, especialmente en el ámbito del enfriamiento por inmersión y refrigeración líquida directa. Extiendo también mi más sincera gratitud a los gerentes de instalaciones críticas, jefes de operaciones, ingenieros generales, expertos en la materia, gerentes de proyecto, contratistas y profesionales de TI que, con generosidad, compartieron sus conocimientos, experiencias y ejemplos del mundo real.

Su disposición a transmitir su saber y sus mejores prácticas ha enriquecido profundamente el contenido de esta obra y ha garantizado su relevancia práctica y utilidad inmediata.

Apéndice

Apéndice A: Plantilla de Plan de Transición de Centro de Datos de Muestra (Incluye secciones sobre cronogramas, responsabilidades, evaluaciones de riesgos y protocolos de comunicación).

Apéndice B: Lista de Verificación para Pruebas Preoperativas de Sistemas (Cubre sistemas de alimentación eléctrica, refrigeración, seguridad, red y monitoreo ambiental).

Apéndice C: Ejemplo de Acuerdo de Nivel de Servicio (SLA) entre el Centro de Datos y el Inquilino.

Apéndice D: Plantilla de Solicitud de Aprobación del Comité de Gabinetes.

Apéndice E: Glosario de Siglas y Términos (Esta lista complementa el glosario principal del libro, proporcionando terminología técnica adicional y abreviaturas relevantes a los ejemplos específicos tratados en el texto).

Glosario

- **Disponibilidad (Availability)**: El porcentaje de tiempo durante el cual un sistema o componente se encuentra operativo y accesible.

- **Plan de Continuidad del Negocio (BCP)**: Un plan que detalla cómo una organización mantendrá sus operaciones durante y después de un evento disruptivo.

- **Puesta en Marcha (Commissioning)**: El proceso de verificación de que los sistemas y equipos se han instalado correctamente y funcionan según lo previsto.

- **Gerente de Instalaciones Críticas del Centro de Datos (CFM)**: Persona responsable de la operación y el mantenimiento de la infraestructura crítica, incluida la del centro de datos.

- **Gestión de Infraestructura de Centro de Datos (DCIM)**: Software utilizado para monitorear y gestionar los recursos del centro de datos.

- **Plan de Recuperación ante Desastres (DRP)**: Un plan detallado para recuperar datos y sistemas después de un desastre.

- **Tiempo Medio Entre Fallos (MTBF)**: El tiempo promedio entre fallos de un sistema o componente.

- **Tiempo Medio de Reparación (MTTR)**: El tiempo promedio necesario para reparar un sistema o componente que ha fallado.

- **Efectividad en el Uso de Energía (PUE)**: Métrica que mide la eficiencia energética de un centro de datos, comparando el consumo total de energía con el utilizado por el equipamiento de TI.

- **Acuerdo de Nivel de Servicio (SLA)**: Contrato que define las expectativas de rendimiento entre un proveedor de servicios y un cliente.

Referencias

- ASHRAE TC 9.9 Standard for Data Centers: Environmental Guidelines for Data Processing Environments, consultado en:

  https://www.ashrae.org/file%20library/technical%20resources/bookstore/ashrae_tc0909_power_white_paper_june_2016_revised.pdf

- Uptime Institute Data Center Tier Standard: Topology, consultado en:

  https://uptimeinstitute.com/resources/asset/tier-standard-topology

Biografía del Autor

Yekini K. Tidjani es un experimentado Gerente de Instalaciones Críticas de Centros de Datos con más de una década de trayectoria en la industria. Su amplio recorrido abarca todos los aspectos del ciclo de vida de un centro de datos: desde la construcción inicial, el diseño y la puesta en marcha, hasta las operaciones diarias, el control, la gestión, el mantenimiento continuo y la optimización. Posee un historial probado en la transición exitosa de centros de datos desde la fase de construcción hasta su plena operación, minimizando interrupciones y maximizando la eficiencia operativa.

Yekini K. Tidjani es Licenciado en Ingeniería Eléctrica y Tecnología de Comunicaciones, y cuenta además con un título de Asociado en Ciencias Aplicadas en Tecnología Informática y Electrónica. Su expertise abarca la gestión de instalaciones críticas, la supervisión de construcción, los sistemas de control, la infraestructura eléctrica, la refrigeración mecánica y eléctrica, la gestión de riesgos, la eficiencia operativa y el soporte al cliente.

Apasionado por compartir sus conocimientos y experiencia, se dedica a ayudar a otros profesionales a triunfar en el exigente campo de la gestión de instalaciones críticas. Está casado desde hace casi dos décadas con una esposa maravillosa, con quien tiene cuatro hijos. Originario del oeste de África, concretamente de Togo, reside en Houston desde el año 2000. Además de su labor profesional, es un apasionado jugador de tenis y disfruta leyendo libros de teología.